校舎の高さを測る

〈根拠〉

カメラは写実物を縮小してとるものである。
だから プリントアウトしたものと実物で何か比べたものの比や、角度は
同じなのである。
右の写真で、校舎
の高さと、地面から
花だんまでの高さ
の比は、

プリントアウト=16.5:2cm

実物 =□:1m50

になります。なので、
外項の積と内項の
積は等しいことを
使って、式をかくと、

(A:B=C:Dのとき、
A×D=B×Cになる)

16.5 × 1.5 ÷ 2 = 12.375……

外項の積　　 = 約 12 m 40 cm !!

16.5 cm

23 cm
(15 m 75 cm)

写真を縮図とみて

写真を縮図と見なして

発表の まとめ

レポートにまとめる。

・影と実物の比を使って

JN055246

…の物差しの
影の長さを測る

拡大図・縮図の関係を
使って計算し、木の高
さを求める。

☆校舎の高さを求めた　－影－☆

※ 校舎の影は、太陽の位置によってできない。たので、地面か
ら屋上のフェンスと同じ位の高さの木の影を利用して、
測った。

〈やり方〉
まず1mの定規を地面に立ててみて、できた影の長さを測ると、
26cmだった。このことから定規の長さと影の長さの比は、
になる。
次に、元にする木の影の長さを測ると、3540cmだった。
このことから求めのような比ができる。

A:B=C:D は B×C=A×D（外項の積と内項の積）を利用すると、

校舎とほぼ同じ高さの
木の影の長さを測る

友達との時間，クラスの皆との時間

2月の下旬，本校の6年生は修学旅行に出かける。卒業を1か月後に控えた時期の，最後の宿泊行事である。

行き先は，京都・奈良・大阪。京都では，貸し切りバスで清水寺や金閣寺などの名所を巡る。建仁寺での座禅体験の後は，そこを起点として，京都市内の自由行動に向かう。

子どもたちを引率しながら，自分の修学旅行のことを思い返してみた。

小学生の時は，函館に行った。そこでの一番の思い出は，五稜郭でも修道院でも函館山の夜景でもなく，棒二デパートでのお土産買いだ。小遣いが足りなくなり，友達から50円借りた。京都での自由行動は，自分も高校生の時に体験している。この時は，弓道部の友達と矢を買いに行った。住所を手がかりに矢師の店を探し，やっとのことで手に入れた矢は今も手元にある。確かに名所巡りもしたのだが，なぜかあまり記憶には残っていない。

今のクラスの子ども達にとっては，何が一番楽しかったのだろうか。帰ってきてからの子どもたちの日記を読んでみた。

一人の男の子は，次のように綴っていた。

修学旅行で思い出に残った2つのことを書こうと思う。

1つ目はもちろん自由行動だ。その中でも一番思い出に残ったのは京都タワーでの和菓子作りだった。女子がどうしても行きたいと言うので，計画に入れた。

当初はいやいやだったが，体験してみるとだいぶ楽しむことができた。

自由行動は，アクシデントも含めて，頭で考えていたこととは違うことが起こる。だが，それを乗り越えることが楽しい記憶として残るようだ。

この日記は，次のように続く。

2つ目は奈良のホテルでやったクラスの遊びだ。

その時やったゲームは聞いたこともないもので面白かった。確かに建仁寺の座禅体験なども面白かったが，僕の思い出に残ったのは友達との時間だった。

別の女の子の日記の中に，似た内容の文章を見つけた。

今，私が何よりも楽しみにしている事，それはクラスの皆との時間です。だから，皆と一日中一緒にいられる修学旅行は最高の4日間でした。その中で，私が一番楽しいと感じたのは，残念ながら寺ではなく，最終日の4部6年だけで遊んだ（夜の）遊びでした。

最終日の夜のお楽しみ会には伏線がある。

出発前に，「修学旅行中に，4部だけで集まってゲームなどできないか」という提案が子どもからあった。「一番広い部屋でできないか？」「奈良のホテルの食堂は？」と可能性を探ったのだが，難しいということになり諦めていた。

ところが，最終日の夜のことである。「やっぱり，みんなで何かやろう」と言い出す子が数名いた。ホテルの玄関のスペースが少し広い。ここなら，なんとか40名集まれそうだ。

「みんなに声を掛けてみれば？」と言ったら，動き出した。「そんなの面倒だよ」と言っていた子もいたのだが，集まってきてくれた。そこで，ゲームが始まった。

気が付くと，もう消灯時刻がすぐそこに近づいていた。最後に集合写真を撮った。

十数年後，この夜の出来事はどんなふうに思い出されるのだろうか。

Contents

問題に関わる力を引き出す算数の教材づくり

問題に関わる力を引き出す
算数の教材づくり

夏坂哲志

1. 校舎の高さを測ろう

本誌の巻頭グラビアは，本校の校舎の高さを測ったときの様子を紹介している。いくつかのアイディアが出された中から，5つの方法に分かれて子ども達は測定に取り組んだ。

あるグループは，「影を使えば校舎の高さが求められそうだ」と考えた。

1mの棒の影の長さを測定し，同じ時刻の校舎の影の長さを比較する。そこに2つの直角三角形ができると考えて，拡大図・縮図の関係を用いて校舎の高さを計算で求めるという方法だ。

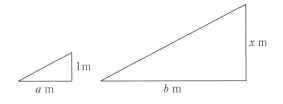

上の図で，1mの棒の影を a m，高さ x mの校舎の影を b mとすると，$1 : a = x : b$ という関係が成り立つ。これが使えると考えたのだ。

ところが，外に出てみると，校舎の影の長さを測ることができない。その子たちはあきらめるのかと思ったら，周りを見渡して，「あの木が使える」と指さした。そこには，校舎とほぼ同じ高さの木があった。そして，その木の影が，運動場に伸びていた。その影

を使えば，木の高さが求められる。校舎の高さは，それとほぼ同じと考えることができる。校舎の高さを正確に求めることはできないが，目の付け所はとてもいい。

別のグループは写真を使った。

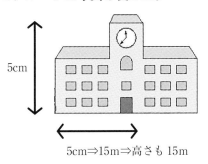

5cm⇒15m⇒高さも 15m

校舎の写真を撮影し，写真上の高さを物差しで測る。仮に5cmだとしよう。そしたら，巻き尺で実測できる場所の中から5cmのところを写真の中で見つける。その部分の実測値が校舎の高さになる。

つまり，「写真は縮図だ」という見方をしているのである。これも面白い。

数年前の6年生に，本校の敷地内に立つ落羽松という大きな木の高さを測らせたとき，「1mの物差しを持っ

ここに2人立っている。

て，木と並んで立つから，写真を撮って欲しい」と頼まれたことがある。どうするのかと思ったら，写真に写った木と１ｍの物差しを比べて高さを求めるというのである。この時も，その発想の豊かさに驚かされたが，これと似ているように思った。

拡大図・縮図の関係を使わない方法もあった。例えば，階段の１段の高さと，１階の床から最上階（４階）までの階段の段数を調べ，それをかけ合わせるという考え方だ。

階段の１段１段の側面を平行移動させていけば１つの面になり，その高さを測るイメージと結びつく。

段数と高さの間にある比例関係を用いているという見方もできる。

2．問題に関わる力

校舎の高さを測る活動を１つの事例として紹介してきた。この中でも見られるように，子ども達はそれまでの学習や生活の中で得たものの中から，どれが使えるだろうか，使えるものはあるだろうか，と探りながら問題の解決に取り組んでいく。

このときに必要な力を，本書では「問題に関わる力」として５つの観点から整理してみた。それは，次の５つである。

○視点を増やす
○関連づける
○表す
○変えてみる
○関係を見る

「視点を増やす」というのは，１つの事象を様々な方向から見るということである。１つの数や形を，別の数や形の組み合わせとして見るような見方もある。固定的な見方をせずに柔軟な見方をすることによって，解決の糸口が見つかることがある。

「関連づける」というのは，自分が知っていること，自分ができること，自分の経験などと，解決しようとしている問題とのつながりを見いだすことである。その中から，使えそうなものを取りだして組み合わせることによって解決に向かっていく。

「表す」ことによって，自分がしようとしていることが見えてくることがある。また，他者と共有したり，違いを意識したりできる。

「関係を見る」というのは，比較してみたり，何と何が対応するのかを調べたりすることである。また，そこにある関係を見抜くことである。

「変えてみる」には，数を変えてみる，形を変えてみる，条件を変えてみる，基準を変えてみるなど様々含まれる。変えてみることによって，新しい解決方法が見つかったり，全体像が見えてきたりする。

3．点から線へ，線から面へ

この５つは，教材をつくるときの視点ともなる。子どもが問題に向かうとき，ここに挙げた５つの関わり方ができるように，提示する問題の数や形，条件などを設定していくのである。

その問題を解くことによって，学習で得た知識が点のようにバラバラに存在するのではなく，網の目のようにつながりをもつ面になり，使えるものとなるのである。

事例1

割合

◆平成29年11月18日（土）
第8回　理数大好きセミナー：[問題（その1）]
◆平成30年2月9日（金）
初等教育研修会：[問題（その2）]

◆ 「割合」の授業で扱った問題（その1）

あるお店で，値引きセールをすることに
しました。
①店の主人が，「全ての品物を，300円にし
よう」と言いました。→だめだよ。
②「全部300円引き」ではどうか？
→それもだめだよ。
③同じような値引きにするには，各品物の
売値をいくらにすればよいかな？

子どもたちが，「○％」とか「○割」のよ
うな割合の表現を，生活場面の中で目にする
機会は少なくない。それなのに，割合が子ど
もにとって難しい内容と言われるのは，他の
量との関係を表す値だからなのだろう。

もとにする量が変われば，比べる量そのも
のは変わらなくても，割合を表す数値は増え
たり減ったりする。別の言い方をすると，割
合が同じであっても，比べる量の実際の数量
は全く異なる場合もあるということである。

このことを感覚的にとらえるところから導
入したいと考え，本授業では，「店で値引き
をする場面」を取り上げることにした。この
場面で，例えば次のような事柄について考え
させてみたい。

①「2000円の品物の1000円引き」
②「10000円の品物の1000円引き」

この2つを比べた場合，①は，「（半額だか
ら，）かなりお得」と感じるのに対し，②の
方では，「（①に比べ，）値引きが少ない」と
感じるのではないだろうか。同じ1000円なの
に，「得した」とか「値引きが少ない」と感
じるのは，無意識のうちに，もとの金額を基
準にしてとらえていることを示している。こ
のように，感覚的にとらえたことを自分の言
葉で表現することと，それを，「0.5」とか
「0.1」といった数値に置き換えてみようとす
る思考の働きを大切にしなければならないと
考える。

さらに，「2000円の品物を②と同じ値引き
率にするには何円引きにすればよいか？」を
問うことにより，「2000円に対する200円」と
「10000円に対する1000円」の「200円」と
「1000円」は，金額としては異なるが，どち
らも全体の「0.1」であり，全体の長さをそ
ろえて図に表すとすれば，同じ長さで表され
るといったイメージを持つことができる。

こうして，「0.1」という数の表す意味が，
少しずつ子どものものになっていくのである。
その過程を，子どもの表現を手掛かりにしな
がら一緒につくっていきたい。

ところで，割合は，比べるための方法の一
つである。2つの量があるとき，それを比べ
る方法として，「差を比べる」「倍で比べる」

があるが，割合は，「倍で比べる」見方である。そのままでは比べられないときに，全体をそろえ，「全体のどれだけか」で比べるのである。だから，今まで私は，「比べたい」という子どもの気持ちを引き出して授業を展開していくことを考えてきた。それは間違いではないと思うのだが，今回は，感覚的にとらえた「異なる割合」を「同じ割合」にするために，部分の量をどうすればよいかを考えていくという方向で，授業を組み立ててみることにする。

◆ 問題（その1）に関わる力

関連づける

この授業では，場面となる店をタオル屋に設定した。マフラータオルのような，細長いタオルを思い浮かべていただきたい。このタオルの長さそのものをもとの値段とし，値引き部分はこのタオルの端からどこまでに当たるのかを考えさせるのである。そうすることによって，全体に対する部分の割合が，帯グラフのようにイメージできると考えたからである。

タオル全体＝もとの値段
売り値　　　値引き分

「値引きしすぎ」「安すぎる」といった感覚と帯グラフのイメージや数値と関連づけながら，「同じぐらいの値引き具合」を探っていけるようにしたい。

表す→関係を見る→視点が増える→変えてみる
→表す→関係を見る→視点が増える

（1）全品同じ値段にする場合について考える

場面設定の話は夫婦の会話で始まる。タオル屋さんを営むAさんとBさんの夫婦が，「特売セール」について話し合っているという設定である。

Aさん「全品300円にしよう」

Bさん「だめよ」

ここで，「なぜBさんは『だめよ』と言ったのか」を想像させる。子どもたちからは，次のような答えが返ってきた。〔表す〕

・安くなりすぎる。

・価値の変化にばらつきがある。

・損をする。

・割合（価値）が違ってくる。

（生活の中で使われている言葉として，「割合」という言葉を使う子もいた。）

このタオル屋で扱っているタオルは，次の5種類である。

40cm のタオル　　　→400円

60cm のタオル　　　→600円

75cm のタオル　　　→750円

1m のタオル　　　　→1000円

1m20cm のタオル　→1200円

そのことを伝えると，子どもたちはそれぞれの値段がいくらになるのかを計算し，具体的な数値で考えていった。〔表す〕

例えば，もとの値段が1200円のタオルも400円のタオルも300円になるということである。それぞれの値引き額を調べると，次のようになる。〔関係を見る〕

$$1200 \text{ 円} \xrightarrow{\;-900\text{ 円}\;} 300 \text{ 円}$$

$$400 \text{ 円} \xrightarrow{\;-100\text{ 円}\;} 300 \text{ 円}$$

確かにこれでは値引き額に差がありすぎるために，「だめ」ということになる。〔視点が増える〕

（2）全品同じ値段を引くことにする場合について考える

そこで今度は，「じゃあ，全品300円引きにすればよいのでは？」ということについて考えてみる。〔変えてみる〕

ところが，このアイディアについても，子どもたちは「それも，だめだよ」と言う。その理由として，子どもたちは次の①〜④ように考えた。〔表す→関係を見る〕

①40cmのタオル3本分で1m20cmになるが，40cmのタオルの値段を3倍しても1m20cmのタオルの値段にならなくなる。

| 〔40cm〕 | 400 円 | $\xrightarrow{-300\text{ 円}}$ | 100 円 | $\xrightarrow{3\text{ 倍}}$ | 300 円 |

〔40cm〕から〔1m 20cm〕へ 3本分。300円 は 900円 へ。同じにならない。

②40cmのタオルと60cmのタオルを比べると，長さは1.5倍。そして，元の値段も1.5倍になっている（値段は長さに比例している）。

ところが，値引き後の値段を比べると1.5倍にはならない。（比例していない）

| 〔40cm〕 | 400 円 | $\xrightarrow{-300\text{ 円}}$ | 100 円 |
| 〔60cm〕 | 600 円 | $\xrightarrow{-300\text{ 円}}$ | 300 円 |

40cm→60cm は1.5倍，400円→600円 は1.5倍，100円→300円 は1.5倍になっていない。

③値引き後の1cm当たりの値段を比べると，同じにならない。

40cm　100円…1cm当たり 2.5円

120cm　900円…1cm当たり 7.5円

④値引き後の値段が，もとの値段のどれだけ（何分のいくつ）に当たるのかを考える。

$$400 \text{ 円} \xrightarrow{-300\text{ 円}} 100 \text{ 円} \quad \text{もとの値段の } \frac{1}{4}$$

$$600 \text{ 円} \xrightarrow{-300\text{ 円}} 300 \text{ 円} \quad \text{もとの値段の } \frac{1}{2}$$

もとの値段の「何分の1」が同じにならないと公平ではない。

①と③の考え方は，「長さを同じにして比べよう」としている点で共通している。「全体が同じであれば（そろえれば）比べられる」という考え方は，割合につながるものである。

また，②の考え方は，「長さと値段の間には，比例関係がある」ということを使おうとしていることがわかる。これも，割合を考える上で大切な見方であるととらえることができる。

さらに，④の考え方は，もとの値段に対する値引き後の値段の割合を求めていると言える。〔①〜④→視点が増える〕

関連づける

（3）どの品物も同等に値引くには？

このようなことから，「全品同額にする」のも，「全品同額値引く」のもだめだということになった。そして，「同じぐらいの値引

き」を考えていくことにした。

具体的には，「もし，750円（75cm）のタオルを300円引きするとしたら，1000円（1m）のタオルは何円引きすればよいか？」を考えることにした。

子どもたちは，「まず，750円から300円値引きをするということは，全体のどのぐらいを値引きしているのかを考えればよい」という意味のことを話している。

そこで，75cmの長さの紙（タオルの代わり）を黒板に貼り，「このタオルのどの部分までが値引き分に当たるか」を目分量で答えさせることにした。子どもたちは，およそ下の図の右端から点線部分までぐらいが300円に当たると答えた。そして，「半分までは，いかないよ」と言う。

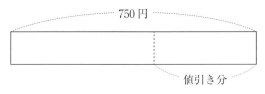

750円の半分は375円。300円はこれよりも小さい値になるので，「300円は全体の半分には届かない」ということがわかる。このようなイメージを持ちながら，全体に対する部分の割合を数値で表現していけるようになるとよい。

◆ 「割合」の授業で扱った問題（その２）

A店，B店，C店が値引きセールをします。どの店がお得でしょうか。

A店：全品90円引き

B店：全品20％引き

C店：全品15％引き

値引きの場面についてさらに考えてみる。

「○円引き」の場合には，値引きされる金額が一定であるのに対し，「○％引き」の場合には，もとの値段が変われば値引き分の金額も変わる。

先程の「タオル」をイメージすると，タオルの全体の長さが長くなると，値引き部分も長くなる。そのようなイメージと式が結びついていくとよいのではないかと考える。

そこで，もとの値段を色々と変えてみたときに，値引き分や売り値がどのように変わるのかを考える場面を提示してみる。

条件が全て示されていない問題を提示するのである。具体的には，3つの店A店，B店，C店がそれぞれ先述のように値引きセールを行ったとき，どの店が得か（安く買えるか）を問う。

B店とC店を比べた場合，もとの値段に関わらずB店の方が安くなることがわかる。しかし，A店とB店を比べる場合は，判断に迷う。その時に，もとの値段を仮に設定して計算してみると，手がかりが見えてくる。

この問題解決の過程を通して，割合についての理解を深めていきたい。

◆ 問題（その２）に関わる力

表す→変えてみる→視点を増やす

〜判断のための情報を増やす

A店とB店を比べる場面で，「もし，100円の品物だったら」と仮定し，値引き後の値段を考えてみる。

A店→10円，B店→80円

この結果だけを見て，「A店の方が安くなる」と判断してしまう子もいる。

これに対し，「この結果だけではわからないよ。別の場合についても考えてみよう」とする子もいる。「もし，1000円の品物だったら」のように，数値を仮に設定して計算してみるのである。「定価1000円の場合」の売り値は次のようになる。

A店→910円，B店→800円

今度は「B店の方が安くなる」ことが，この結果からわかる。

条件が不足しているときに，何も手をつけられなかったり，勘に頼ったりするのではなく，自分のわかる数値の場合で考えてみようとすることは，問題解決に向かう力として大切にしたいものである。

関係を見る

上記の2つの結果から，「もとの値段によって，A店が安くなる場合とB店が安くなる場合がある」「A店の場合は，もとの値段が変わっても値引きする金額は変わらないが，B店の場合は，もとの値段が高くなれば値引きする額も大きくなる」というような，「もとの値段」と「売り値」の関係を導き出すことができる。

このことから，A店とB店の売り値が逆転するところがあるということがわかる。

そこで，次にはっきりさせるべきことは，「"A店が得"と"B店が得"の境目は，もとの値段が何円の時か？」である。

子どもたちは，これを求めるための方法をいくつか考える。

〔考え方①〕

ある子は，もとの値段をいろいろと変え，その都度，A店とB店の売り値を計算し，同じになるところを探し当てた。

まずは，仮に「もとの値段が500円の場合」を考えてみる。すると，次のように「B店がお得」となる。

〔A店〕500 − 90 ＝ 410（円）

〔B店〕500 − 500 × 0.2 ＝ 500 × (1 − 0.2)

$\quad$ ＝ 500 × 0.8 ＝ 400（円）→お得！

では，もとの値段が400円だったらどうだろう。

〔A店〕400 − 90 ＝ 310（円）→お得！

〔B店〕400 × 0.8 ＝ 320（円）

そこで，500円と400円の間をとって「450円の場合」を計算してみたら，A店もB店も360円という同じ売り値になった。

つまり，挟み込むようにしてだんだんと範囲を狭めていったのである。

〔考え方②〕

「90円と20％が同じ金額になればよい」という関係を使えばよいことに気づき，その金額を求めるための計算を考えた子たちもいる。これも，いくつかの方法がある。

例えば，「20％を5倍すれば100％になるから，90円を5倍すればよい（90 × 5 ＝ 450）」と考える子がいる。このように考えられる子は，20％と100％との関係が理解できていると言えるだろう。また，20％は全体の1／5であり，その20％に当たる金額が90円であることが次の図のようにイメージできていると

思われる。

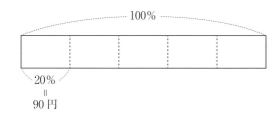

〔考え方③〕

90÷0.2＝450と計算する子もいる。

この式で求められる理由を考えさせると，様々な説明がなされる。

数値同士の関係を使った考え方としては，次のような説明もできる。

0.2を1にするには0.2を0.2でわるとよい。だから，90円の方も0.2でわると□の値が求められるという考え方である。

この例のような納得できる説明がなされればよいのであるが，中には意味もわからずに「比べられる量÷割合＝もとにする量」の式に当てはめて，90÷0.2＝450と計算している子も見受けられる。

形式的な処理しかできない子よりも，90×5の式も理解できる子の方が，割合についてよくわかっていると言うことができる。

<u>関連づける</u>

ここまでを整理すると，

・B店とC店ではB店がお得。

・A店とB店では，もとの値段が450円よりも安い場合はA店がお得。450円より高い場合はB店。450円の場合は同じ。

次に考えたいことは，「A店とC店を比べた場合も境目があるはずだ。境目は何円の時だろう？」ということだ。

A店：全品90円引き　C店：全品15％引き

考える手がかりは，A店とB店を比べたときの方法である。〔考え方①〕～〔考え方③〕の方法はそれぞれ使えるだろうか。

まずは，〔考え方①〕。この方法は，時間はかかるが境目は求められそうだ。

もと（円）	400	500	600
A店	㉛⓪	④⓵⓪	510
C店	340	425	⑤⓵⓪

では，〔考え方②〕はどうだろうか。

B店のように20％であれば，「5倍すれば100％になる」と気づきやすいのだが，C店のように15％のような値の場合は何倍すれば100％になるのかがすぐにはわからない。

100÷15を計算すればよいのだが，割り切れないので5年生にとっては難しい。

となると，A店とC店を比べる場合には，〔考え方②〕は使いにくい。

これに対し，〔考え方③〕の場合は，90÷0.15＝600と立式することができる。15％のように100を割り切れない数値の場合も使えるのである。

式の意味が理解できれば，いつでも使える便利な方法と言える。

このように，様々な数値の場合について考えることにより，割合のイメージを豊かにしていくとともに，いつでも使える方法を導き出していくことが必要だと考える。

第 5 学年算数科学習指導略案

1. 単元名　割合とグラフ

2. 指導計画（12時間扱い）

第一次　割合……………………… 3 時間（本時 $\frac{1}{3}$）

第二次　百分率と歩合…………… 2 時間

第三次　割合を使う問題………… 3 時間

第四次　割合を表すグラフ……… 3 時間

第五次　練習……………………… 1 時間

3. 本時の指導

（1）ねらい　○感覚的にとらえた割合の違いを，言葉や図で表現する。

　　　　　　　○値引き率を同じにする方法を見つけることができる。

（2）展開

主な学習活動	指導上の留意点
1. 値引き率が異なる場面をとらえる。	
あるお店で，値引きセールをすることにしました。 店の主人が，「全ての品物を、300円にしよう」と言いました。	
・それでは，だめだよ。 ・1200円の品物は，安くなりすぎ。	○「だめ」という理由を，子どもの言葉でどのように表現するかを見たい。
「全部300円引き」ではどうか？	○値引き後の値段が，最初の値段のどのぐらいに当たるかを，長さに置き換えるなどして視覚的にとらえられるようにする。
・それもだめだと思う。 ・品物によって値引きの仕方が違う。	
2. もとの値段に対する売値の割合を同じにする方法を考える。	
同じような値引きにするには、各品物の売値をいくらにすればよいかな？	○「半分」とか「4分の3」のような表現を手掛かりにしていきたい。
・（売値）÷（もとの値段）の値が同じようになればよい。 ・右の図の全体の長さをそろえたときに，「売値」の部分の長さもそろうようにする。	○「0.5」や「0.75」という小数の値が何を表すのかをはっきりさせるようにする。

第5学年算数科学習指導略案

1. **単元名**　割合とグラフ

2. **指導計画**（12時間扱い）※左ページの指導案参照

　　第三次　割合を使う問題………… 3時間　（本時 $\frac{1}{3}$）

3. **本時の指導**

　（1）目標　○「もと」と「割合」がわかっている時，「比べられる量」の求め方を考える。

　　　　　　　○「比べられる量」と「割合」がわかっている時，「もと」の求め方を考える。

　（2）展開

主な学習活動	指導上の留意点
1．問題を把握する。	
〔問題〕A店，B店，C店が値引きセールをします。どの店がお得でしょうか。 　　　　A店：全品90円引き　　　B店：全品20%引き　　　C店：全品15%引き	
・B店とC店は比べやすい。B店の方が安くなる。 ・A店とB店では，どちらが安くなるだろう？ ○A店とB店を比べてみよう。 2．A店とB店の比べ方を考える。 ・B店の方が安くなる。例えば，1000円の品物だったら，A店は910円，B店は800円になるから。 ○どんな計算をしたのかな？ ・A店：1000－90＝910（円） 　B店：1000×（1－0.2）＝800（円） ・でも，100円の品物の場合は，A店の方が安くなるよ。（A店：10円，B店：80円） ・売り値を比べる場合，A＜BがA＞Bに変わる境目は，もとの値段がいくらの時だろう？ ○A店とB店の売り値が同じになる時の，もとの値段を求めよう。 3．20%が90円になる，もとの値段を求める。 ア．20%を5倍すれば100%になるから……。 イ．90÷0.2＝450（円） ○C店とA店の売り値が同じになる場合も，計算で求めることができるだろうか。	・「お得」というのは，同じ品物を購入する場合の値段を比べると，「安い」ということである。 ・どの店も，100円以上の品物を扱っていることにする。 ・最初は直感的に判断させる。その時に，「A店の方が安くなる」と考える子もいることが予想される。 ・売り値（値引き後の値段）ではなく，値引き額で比較することもできる。 ・なぜ，左のような計算で求められるのかを話し合わせる。 ・図を用いて，イメージ化も図りたい。 ・A店の方がB店よりも安くなる場合があることに気づかせる。 ・C店とA店の売り値が同じになる場合を求める計算では，左のアのような考え方は難しい。

事例2

◆2018年5月26日
第61回「算数授業研究」公開講座

コインの出方を調べよう

◆ 本授業の問題について

> 3枚のコインを投げて，裏表の出方を調べます。
>
> ①どんな出方があるでしょうか。
>
> →（○○○），（○○×），（○××），（××
> ×）の4通り
>
> ②どの組み合わせが出やすいでしょうか。
>
> →実際に調べてみる。
>
> ③（○○×）と（○××）が多く出ました。
> なぜ，そうなるのでしょうか。理由を考え
> ましょう。
>
> →3枚のコインに色をつけて別々のコイン
> と考えると，裏表の出方は8通りあって，
> そのうち，（○○×）と（○××）はそれ
> ぞれ3通りずつあると言えるから。

新しい学習指導要領の「データの活用」領域では，不確定な事象についても考察の対象にしていくことが重視されている。

起こり得る場合の数を数える学習については，「小学校で学習する起こり得る場合は中学校で学習する確率へとつながっていくものである」という一文もある。そして，この学習の一例として，大中小3種類のコインの裏表の出方の場合を調べる場面が次のように示されている。

6年〔データの活用〕D（2）起こり得る場合

イ　思考力，判断力，表現力等

（ア）　事象の特徴に着目し，順序よく整理する観点を決めて，落ちや重なりなく調べる方法を考察すること

順序よく整理する観点を決めること

起こり得る場合を考える際に，落ちや重なりなく調べるには，観点を決めて考えていく。観点を決めるとは，あるものを固定して考えるなどのことである。

例えば，大中小3種類のコインの裏表の出方の場合を調べる場面があるとする。

（大コインが表，中コインが表，小コインが表）の場合を考えたのち，大コインは表のまま変えずに，中コインと小コインの場合のみ考えていくようなことである。すると（中コイン表，小コイン裏）（中コイン裏，小コイン表）（中コイン裏，小コイン裏）の四つの場合を見いだすことができ，これ以上の場合はないことが分かる。

落ちや重なりなく調べる方法を考察すること

落ちや重なりなく調べるためには，図や表などに整理して表すことが有効に働く。順序よく調べていこうとしても，場合が多かったり複雑だったりすると，落ちや重な

りが発生する可能性が増すことになる。

　先のコインの例で考えてみる。（大コイン表，…）などと書いて挙げていくより，記号などを使って表を○，裏を×で表すことを考えたり，大コイン，中コイン，小コインをそれぞれ位置で（左中右）で表すなどして簡潔に示すことができる。（大コイン表，中コイン表，小コイン裏）を（○○×）と表すようなことである。

　落ちや重なりがないように考えていくことは，思考や表現の方法を工夫することや，筋道を立てて考えていくことにつながるものである。多様な考えに触れ，それぞれのよさに気付くようにしていく。

（小学校学習指導要領解説　算数編 p.314）

　大きさの異なる3枚のコインを同時に放り投げたときの出方は右のように8通りある（○…表，×…裏）。

　これら全てを落ちや重なり無く数え上げることだけを目的とするならば，「コインの出方は何通りあるでしょうか」とか「どんな出方があるでしょうか」というような直接的な問いかけをすることになる。

大	中	小
○	○	○
○	○	×
○	×	○
○	×	×
×	○	○
×	○	×
×	×	○
×	×	×

　しかし，大切なことは子どもの中に，「コインの出方は何通りあるのだろうか」「全てを調べてみたい」という気持ちが子どもの中に生まれることである。

　また，学習指導要領の解説に示されている例の場合は，はじめから大コイン，中コイン，小コインのようにコインが3つの種類に分けられている。このように区別して調べた方がよいという場面はどのような場面だろうか。そう考えてみたときに，冒頭で紹介した問題のように，3枚のコインを区別せずに，"出やすさ"を話題にすればよいのではないかと思い至った次第である。

　大中小のように大きさや色を変えたりせず，同じ種類の3枚のコインを投げることにすると，面の出方として，A（○○○），B（○○×），C（○××），D（×××）の4通りの組み合わせがある。

「この4通りの出方の中で，出やすいと思われるのはどれか」を問うのである。

　感覚的にAやDのように全部がそろうのは出にくいと思う子もいれば，どれも同等に出るのではないかと考える子もいるだろう。そこで，実際に試してみることにする。

　40人のクラスなので，全員が1回ずつ投げると40のデータが集まる。この結果を見て子どもたちはどのように判断するだろうか。

　実際にコインを投げてみると，おそらくBとCの出方が，AやDよりも多くなるだろうから，そうなる理由を考えさせる。その中で，次のようなことに気づいていけるとよい。

・3枚のコインを，大中小，赤青白のように別々のものと見るとよい。

・コインの1つを固定して他を変えていくとか，○2つと×1つの場合は，次の図のよ

うに×の位置を移動させていくことで3通りと数えることができる，というように落ちや重なりがないように数えるための方法を工夫する。

・1つを固定して他を変えていく考え方を整理すると，右の図（樹形図）になる。そして，この樹形図は前のページに整理した8通りの出方と対応させることができる。

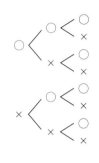

・各コインには表と裏の2通りがあり，それが3枚あるから2×2×2＝8（通り）と計算できる。また，この式と樹形図とを対応させることができる。

◆ **この問題に関わる力**

視点を増やす　〜先を見る，批判的な目をもつ

「ある町内の抽選会のお話です」という場面設定で授業を始めた。

抽選に使うのは，紙コップと3枚のコイン。紙コップの中に入れてある3枚のコインには，それぞれ表に赤のシール，裏に青のシールが貼ってある。この紙コップに手でふたをしてよく振る。振った後のコインの出方で，抽選を行うという設定である。

実際にやってみると，コインはいろいろな出方をする。そのことを確認した上で，黒板に次の3つに整理する。

・3枚のコインを振る。

・コインの表が赤，裏が青

・出方で1等賞から5等賞

すると，「1等賞から5等賞」という設定に対して，「5等賞まで，というのはおかしい」と言う子がいる。「出方は5通りもないと思う」「4通りしかないんじゃないの」というのである。

子ども達の中には同じように思った子も何人かいるだろう。しかし，それは少数で，多くの子はそんなことは思わずに，黒板に書かれた抽選の仕方をそのまま受け入れていると思われる。

一方，「おかしい」と反応した子は，この時点ですでにコインの出方にはどんな組み合わせがあるかを考え始めている子である。教師が「1等賞から5等賞までを決める」と言ったときに，「賞をどのように決めればよいのかな」「どんな出方があるだろうか」というように，その先を考え，答えを求めるための情報を集めているのである。

このような子たちが，「5等賞まで決める」という設定に対して，きっと「決められないよ」という反応をするだろうと期待した。そして，この反応を聞いた他の子たちが，「どうして決められないの？」「どんな出方が考えられるの？」「何通りあるの？」という疑問をもち，知りたいことが増えてくると考えたわけである。

教師が提示した問題場面や条件を鵜呑みにするのでは無く，視野を広くもち，批判的な目ももちながら考えを進めていけるようにすることが大切だと考える。

表す　〜整理して図で表す

「出方は4通りしかない」ということを，

Mさんは，黒板のところに出てきて次のように説明し始めた。

「赤が出る場合を考えると，まず，全部赤になる場合があるでしょ。これを『赤－赤－赤』と書きます」と言いながら，「赤－赤－赤」と書いた。

この様子を見て，「赤を3回書くのは大変だね」と言うと，「赤を1とすればいい」「白丸と黒丸で表せば？」「○と×がいいよ」という意見が出されたので，赤を○，青を×と表すことを約束する。

このように表すことによって，短い時間でわかりやすく整理することができる。

Mさんは，「赤－赤－赤」を「○－○－○」に書き換えて，説明を続けた。
「3つ目だけを青にかえると，こうなります」

この図が表していることを確認した後，この説明の続きを他の子に予想させ，自分のノートに書かせた。その後，Mさんに説明の続きをしてもらう。
「次は1枚だけ赤が出て，青，青がくるでしょ」

「赤が出るのはこれだけで，あとは全部青（×－×－×）。合わせて全部で4通り」

別の表し方をする子もいる。
S君は，○と×の後に枠を2つずつ書いて，次のように説明した。

「枠の中に入るのは，〈○○〉〈○×〉〈×○〉〈××〉の4つで，それを入れてみるとわかる」

Mさんやs君のような説明によって，裏表の出方は，右に示した4通りであるということになった。

○○○
○○×
○××
×××

これで，子ども達の指摘通り，5等賞まで出すのは無理だというところまでわかった。

関係を見る　～試した結果から事象を見直す

「1等賞から4等賞までを決める」という設定にすることを確認したところで，「どの出方を1等賞にしますか？」と尋ねた。「出にくい組み合わせを1等賞にするだろう」と考えたからである。

ところが，この時点では，子ども達は，「どれも，出やすさは同じ」と考えていたらしく，「出やすさ」「出にくさ」のことは話題にせず，「○が3つは正解のイメージ」「赤が3つはめでたいイメージ」「全部そろうのがよい」といった理由から，「○○○を1等賞

にするのがよい」と言い出した。

困ったなあと思っていたところ，「本当は，くじだから，当たりにくいのが１等賞だといいけど……」とつぶやいてくれる子がいた。このつぶやきを拾えば，出やすさの話題ができると思い，「みんなは，出やすさは全部同じだと思っているんだね」と尋ねてみることにした。すると，みんな「そうだ」と言うので，みんなで実際に振って調べてみることにする。

全員に，紙コップとコイン３枚を配っている間に，並んで座っているＭ君とＮさんが何やら相談している。そして，配り終わると一緒に手を挙げた。
「出やすさは同じじゃないんじゃないかなあ。全部同じ色になる方が出にくいと思うよ」と言うのである。

このような意見を聞いた上で，全員に１回ずつ振ってもらう。コインの出方ごとの人数を調べると，次のようになった。（２名欠席のため，38名分の結果である）

　　〇〇〇　10人　　×××　5人
　　〇〇×　14人　　〇××　9人

この結果を，子どもたちは認めようとしない。そして，「もう一回やったら違う結果になるかもしれない」「最初，全員のコインの向きをそろえてから振らないとだめ」「振る向きや回数を決めた方がよい」と言う。

そこで，もう一度条件をそろえてから振ることにする。

このときに，新しい意見として，「全部同じになる出やすさは同じぐらいで，１枚違う

のは出やすさも同じぐらい」という意見が出された。つまり，「〇〇〇」と「×××」は出やすさが同じで，「〇××」と「×〇〇」は出やすさが同じではないか」という予想である。

この予想を受けて，２回目の実験を行う。結果は次のとおり。

　　〇〇〇　7人　　×××　5人
　　〇〇×　10人　　〇××　16人

この結果をもとに，隣同士で話し合う時間をとる。その後，話し合った内容を紹介してもらうことにした。

ＨさんとＴ君は，「出やすさは違うと思うんだけど…」と前置きしてから，「最初全部赤で始めた場合，３枚中の３枚がひっくり返る確率と，３枚中１枚だけがひっくり返る確率は違うと思うから……」と意見を述べた。

この後，Ｊ君も確率という言葉を使い，次のように計算で求めようとした。
「赤が出る確率は$\frac{1}{2}$だから，全部赤になるのは，0.5×0.5×0.5＝0.125。そのうち２つが青になるのは，0.5×0.5＝0.25。同じように考えると，全部青になるのが0.125で，青赤赤が0.25。たすと１になるから，これで合っていると思う」

この説明を聞いたRさんは、「ひっくり返る確率がどれも50%ということは、やっぱり全部同じなんじゃないの？」と言う。なかなか納得には至らない。

変えてみる　〜整理の仕方を変えてみる

R君は、黒板のところに出てきて、「コインに1，2，3と番号をつけると……」と言いながら、縦に「1，2，3」と数字を書いた。そして、その横に○と×を次のように整理していった。

```
1  ○  ×  ○  ×  ○  ×  ○  ×
2  ○  ○  ×  ×  ×  ○  ○  ×
3  ×  ○  ○  ○  ×  ×  ○  ×
```

縦の列が、表裏の出方の組み合わせを表している。このようにして、「出方は8個になる」と説明したのである。これを見て、「1，2，3と番号をつけたことによって、3枚のコインは別々のものになるんだね」と言う子もいる。

ここで、同じように番号をつけてノートに整理する時間を与える。その時に、「こんなふうにならべると、コインの出方は確かに8個だよ、ということがわかるようにノートに書いてごらん」と付け加えた。

関連づける　〜最初の整理の仕方と見比べる

この後、ÝさんとSさんが2人で黒板上に、カードを次のように整理して並べた。

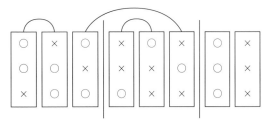

曲線でつないでいるのが、赤と青が逆になっているペアである。また、縦棒によって、赤が2枚の場合と1枚の場合とを分けている。

ここで、もう一度、「さっき、M君が出やすさが違うといいましたが、出やすさは同じでしょうか？」と尋ねてみると、ほぼ全員が「出やすさは違うと思う」に手を挙げた。

最後に、「番号をつけて整理をする」ことと、「約束を決めて整理をしていく」ことのよさを振り返り、授業を終えた。

次の時間、1人10回ずつ振って、それぞれの出方が出た回数を調べてみた。40人なので、400回振ったのと同じことになる。その結果は、次のとおりであった。

○○○　55回　　　×××　57回
○○×　149回　　　○××　139回

理論値（○○○と×××が$\frac{1}{8}$，○○×と○××が$\frac{3}{8}$）にほぼ近い結果となり、子ども達も納得した様子であった。

第6学年算数科学習指導案

研究主題	起こり得る場合を整理していく活動を，どのようにつくっていくか。

1. 単元名　　場合の数

2. 研究主題について

　新しい学習指導要領の「データの活用」領域では，不確定な事象についても考察の対象にしていくことが重視されている。

　起こり得る場合の数を数える学習については，「小学校で学習する起こり得る場合は中学校で学習する確率へとつながっていくものである」という一文もある。そして，この学習の一例として，大中小3種類のコインの裏表の出方の場合を調べる場面も示されている。

　本時の授業では，この場面を扱ってみたい。ただし，大中小のように大きさや色を変えたりせず，同じ種類の3枚のコインを投げることにする。そうすると，面の出方として，表を○，裏を×とすると，A（○・○・○），B（○・○・×），C（○，×，×），D（×，×，×）の4通りの組み合わせがあると考えられる。

　「この4通りの出方の中で，出やすいと思われるのはどれか」を問う。感覚的にAやDのように全部がそろうのは出にくいと思う子もいれば，どれも同等に出るのではないかと考える子もいるだろう。そこで，実際に試してみることにする。40人のクラスなので，全員が1回ずつ投げると40のデータが集まる。この結果を見て子どもたちはどのように判断するかを話し合わせていきたい。実際にコインを投げてみると，おそらくBとCの出方が，AやDよりも多くなるだろうから，そうなる理由を考えさせる。その中で，次のように考えていけばよいことに気づいていけるとよい。

○3枚のコインを，大中小，赤青白のように別々のものと見るとよい。

○コインの1つを固定して他を変えていくとか，○2つと×1つの場合は×の位置を移動させていくことで3通りと数えることができる。

○各コインには表と裏の2通りがあり，それが3枚あるから$2 \times 2 \times 2 = 8$（通り）と計算できる。また，右上のように整理したことと，この式とを対応させることができる。

3. 単元の目標

　起こりうる場合の数を，落ちや重なりが無いように，図や表などを用いて，整理して数えることができる。

4. 本授業の位置づけ

　本単元では，「並べ方の数」「組み合わせの数」について，8時間かけて指導することを計画している。本授業の対象児童は，「場合の数」についての学習はまだ行っていないので，「並べ方の数」や「組み合わせの数」を調べるための素地となる活動として本時を位置付けている。

5．本時の指導

①目　標
・3枚のコインを投げた時の表と裏の出方を，落ちや重なりなく調べる方法について考える。
・表2枚と裏1枚（または表1枚と裏2枚）になる出方が，全部表（または全部裏）になる出方よりも出やすい理由を考える。

②展　開

主な学習活動	指導上の留意点
1．場面を理解する。 3枚のコインを投げて，裏表の出方を調べます。 ○どんな出方があるでしょうか。 ・（○・○・○），（○・○・×），（○，×，×），（×，×，×）の4通りがある。 ○どの組み合わせが出やすいでしょうか。 ・どれもおなじじゃないの？ ・全部同じになるのは，出にくいと思う。 ・（○・○・×），（○，×，×）が出やすいのかな？ ・実際にコインを投げて調べてみよう。 2．裏表の出方を整理する。 ○（○・○・×）と（○，×，×）が多く出たのはどうしてだろう。 ・3枚のコインに色がついていると考えてみると，（○・○・×）の場合は（○・○・×），（○・×・○），（×・○・○）の3種類に分けられる。 ・同様に考えると，出方は8通りあると言える。 ○裏表の出方は8通りあるだろうか。 ・1枚目を○と固定して考えると…… ・1枚のコインは裏と表の2通りあるから，2×2×2＝8（通り）と求めることができる。 ・8通りの出方のうち，（○・○・×）は3通りだから確率は$\frac{3}{8}$になる。 3．数を変えて調べてみる。 ○コインの枚数が4枚になったら？	・実際にコインを投げる様子を見せて，どんな出方があるのかを観察させる。 ・表を○，裏を×のように表すと，表記が簡単になることに気づかせたい。 ・「出やすさ」に目が向くようにする。 ・子ども達にもコインを持たせ，データを集めてみる。 ・実際に調べたデータをもとにして，出方が均等ではないことに気づかせる。 ・3枚のコインの区別の仕方は，色の他に大きさや投げる順序などが考えられる。 ・樹形図を使って説明することも考えられる。 ・形式的な処理に陥らないようにしたい。 ・時間がある場合には，コインが4枚の場合の裏表の出方を整理させてみたい。

正十二角形の $\frac{1}{4}$ の面積を求めよう

◆ 本授業の問題について

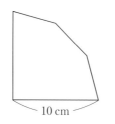

この図形の面積の求め方を考えましょう。

10 cm

※この形は，正十二角形の $\frac{1}{4}$ の五角形。その長い辺（もとの正十二角形に外接する円の半径にあたる部分）の長さは10 cmである。

求積公式につながる円の面積の求め方として，円をおうぎ形に分割し，そのおうぎ形を二等辺三角形と見なしたり，おうぎ形を組み合わせて平行四辺形などの形に変えたりする方法がとられる。しかし，子どもたちに自由に面積を求めさせてみると，円に内接する正方形から正六角形や正八角形へと頂点の数を増やして，余った部分を埋めていこうとする発想は出るのだが，はじめからおうぎ形に分割して考えようとする発想が出てくることはほとんどない。

そこで，円の面積の求め方を考える前に，先程の五角形を扱うことにする。

そうすることで，合同な二等辺三角形に分割する発想が引き出しやすいと考えたからである。

さらに，正十二角形の場合は，外接する円の「半径」という1つの長ささえわかれば計算で面積が求められることから，公式化しようとする考えも引き出せるのではないかと考えた。

◆ この問題に関わる力

視点を増やす

「図形の学習で大切なことは，『図形を見る窓を増やすこと』である」。これは，筑波大学附属小学校算数部が，先輩の代からずっと言い続けてきたことである。

面積を求める問題場面や図形について考察する場面では，対象とする図形について，多様な見方ができることが鍵となる。

「多様な見方ができる」とは，1つの図形の中に様々な図形を見出したり，1つの図形をいろいろな方向から見たりする視点をもつことを指す。

正十二角形の $\frac{1}{4}$ の形の面積を求める問題場面においても，この図形に対して多様な見方を働かせること，つまり，多くの視点をもてるとよい。

この授業で，はじめに提示したのは下の形。同じ形でも，提示する向きによってその見え方は違ってくる。

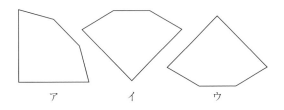

例えば，上の図ア〜ウのような3通りの置き方を比べてみると，その見え方にどんな違いがあるだろうか。

アのような向きだと，正十二角形の $\frac{1}{4}$ の形であることを捉えやすくなるかもしれない。

イの向きの場合だと，台形と直角二等辺三角形に分けて考えたくなるだろう。また，3つの二等辺三角形に分かれて見えるようにするには，ウの置き方がよいかもしれない。

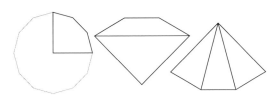

このように，提示する向きによって，子どもに見えるものが変わってくる。その効果を考えながら，提示方法を考える。

実際の授業ではこの形を画用紙でつくり，向きをいろいろと変えながら見せてみることにした。

結果として，上記のような分割の仕方は子どもから出てきたのだが，その先の場面でも，さらに見方は分かれることになる。

例えば，3つの二等辺三角形に分割し，その二等辺三角形の面積を求めようとする場合，どの部分を底辺とし，どの部分を高さとするかという点で見方が分かれてくる。

表す

授業後の板書を見ると，次の6通りの式が残っている。

①$10 \times 10 \times \frac{1}{2} + (5.1 + 14.1) \times 2.6 \times \frac{1}{2} = 74.96$（R さん）

②$(5.1 + 14.1) \times 2.6 \div 2 + 14.1 \times (9.6 - 2.6) \div 2 = 74.31$（S 君）

③$5.1 \times 9.6 \div 2 \times 3 = 73.44$（M さん）

④$5.1 \times 3 \times 9.6 \div 2 = 73.44$（R 君）

⑤$10 \times 5 \div 2 \times 3 = 75$（M さん）

⑥$10 \times 10 \times \frac{3}{4} = 75$（K 君）

それぞれの式を読み解いていくことにする。

まず，①と②の式だが，この2つは，この五角形を直角二等辺三角形と台形に分けて計算している。（長さは実測値）

①$10 \times 10 \times \frac{1}{2}$ → 直角三角形

$(5.1 + 14.1) \times 2.6 \times \frac{1}{2}$ → 台形

②$(5.1 + 14.1) × 2.6 ÷ 2$　→　台形

$14.1 × (9.6 - 2.6) ÷ 2$　→　直角三角形

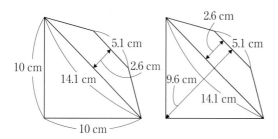

　直角三角形の面積を求めるときに，①は底辺10 cm，高さ10 cm で計算しているのに対し，②は底辺14.1 cm，高さ$(9.6 - 2.6)$cm と見て求積公式に当てはめている。

　続いて，③と④の式だが，この2つの式は，一見，同じ式のように見える。どちらも，この形を右図のように3つの二等辺三角形に分けて面積を求めようとしている点では同じである。

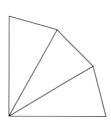

　けれども，×3の位置が違う。

③$5.1 × 9.6 ÷ 2 × 3$　　④$5.1 × 3 × 9.6 ÷ 2$

　③は1つの三角形の面積を求めてから3倍している。

　それに対し，④は底辺を3倍したものに高さをかけている。つまり，底辺がこの二等辺三角形の底辺の3倍で，高さが同じ三角形の面積を求めているということを表す式である。

③$(5.1 × 9.6 ÷ 2) × 3$　④$(5.1 × 3) × 9.6 ÷ 2$

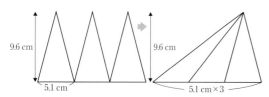

　上の図のように，高さを変えずに頂点を平行移動することによって，面積を変えずに変形することができる。

　この三角形の面積が二等辺三角形3つを合わせた面積と等しくなるというわけだ。④の式で求めたというR君は，授業の中で確かにそう説明した。

関連づける

　ある形の面積を求める場面において，6年生までに使ってきた方法は，大きく次の3つに整理できる。

> ①　求積公式が適用できる形に分割し，それぞれの面積を求めてから後でたす。

　4年生で長方形や正方形を組み合わせた複合図形の面積の求め方を考える。例えば，右のような形である。

　この形の面積の求め方として，はじめに取り上げられるのが「2つの長方形に分ける」という方法だろう。

　この方法は，直角三角形の面積の求め方を知っている子が，直角の無い三角形の面積を求めるときなどにも使われる。

　また，先述の五角形（正十二角形の$\frac{1}{4}$の形）の面積を求める式の①〜③もこのやり方をしていると言える。

> ②　無い部分を補って，求積公式が適用できる形に変えて面積を求めてから補った部分を引く。

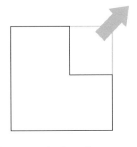

上と同じ複合図形の面積を求めるときに，この形の右上に長方形を補い，大きな長方形の面積を求めてから補った部分を引くという方法で求めることもできる。

正十二角形の$\frac{1}{4}$の形の面積を求める問題で，⑥の式の方法を考えたK君も「無い部分を補って正方形にしてみたら何か答えにたどり着く方法が見つかるのではないか」と考えてみたという。取りかかりの時点での発想は同じと言える。

③　等積変形をして面積を求める。

図形のある部分を切って移動し，別の所にくっつけると，求積公式が使える形に変えられる場合がある。

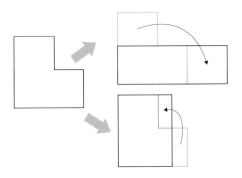

色板やタングラムなどを使った形作りの活動は，このような発想を生み出す素地となる経験になっていると言えるだろう。

例えば，正方形や長方形，直角三角形の学習が終わった後の2年生の子どもに正方形の工作用紙を配り，一緒にタングラムを作ってみる。

まずは，右図のように，切る線を引かせ，線が引けたら，切り分けてバラバラにする。

そして，「元の正方形」を作らせてみる。これが意外と難しい。

正方形ができたら，長方形や直角三角形も作らせてみたい。このときに，元の形の一部分だけを動かせば長方形や直角三角形ができることに気づく子もいる。

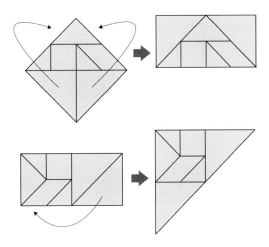

ところで，等積変形にはもう1つの方法がある。それは，平行四辺形や三角形の底辺と高さを変えずに，連続的に形を変える方法である。

5年生でひし形の面積の求め方を例に述べてみたい。

ひし形の面積を求める公式は，「対角線×対角線÷2」である。ひし形の周りに長方形をかくと，ひし形の面積は周りの長方形の面積の半分になることから，この公式になることを説明することができる。

この時にも下図のように等積変形すること

により，周りの長方形の面積の半分になることを説明できるようにしたい。

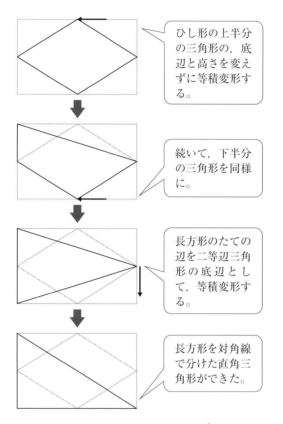

ひし形の上半分の三角形の，底辺と高さを変えずに等積変形する。

続いて，下半分の三角形を同様に。

長方形のたての辺を二等辺三角形の底辺として，等積変形する。

長方形を対角線で分けた直角三角形ができた。

はじめに紹介した正十二角形の$\frac{1}{4}$の形の面積を求めるときに，R君が考えた方法は，この「三角形の底辺と高さを変えずに等積変形をする」を使ったものである。

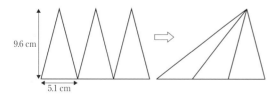

9.6 cm

5.1 cm

だから，式は

③$5.1 \times 9.6 \div 2 \times 3 = 73.44$

のように，後から3倍するのではなく，

④$5.1 \times 3 \times 9.6 \div 2 = 73.44$

のように，底辺を先に求める式になる。

この両方の考え方を，図形に応じて使い分けられるようにしたい。

変えてみる

⑤の式$10 \times 5 \div 2 \times 3$もこの形を3つの二等辺三角形に分割して考えているのだが，底辺と高さの取り方が異なる。二等辺三角形の長い辺を底辺として考えているわけである。

このときに，高さは右の図の部分になる。では，この高さは何cmになるだろうか。

高さ

底辺

それを考えるには，合同な二等辺三角形をもう1つ下の部分につなげてみるとよい。そして，頂点を1つおきにつないでみると，正三角形ができることがわかる。

ということは，高さは二等辺三角形の長い辺の半分。つまり，5cmとなる。

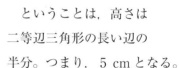

正三角形

だから，この二等辺三角形1つの面積は，$10 \times 5 \div 2$で求められることがわかる。

⑤は，その「3つ分」であることを表す。

二等辺三角形をこのような向きで見れば，底辺も高さも（底辺の部分の長さは最初に示

されているので），実測しなくても，整数値で求めることができる。

ただし，「高さ」が「底辺」の半分になることに気づくためには，この図形の中に正三角形を見出す必要がある。

そのためには，このような図形に出合うまでの学習の中で，「正十二角形の頂点を1つおきにつなぐと正六角形ができ

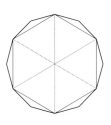

る」とか「合同な正三角形を6個合わせると正六角形ができる（正六角形の中に，正三角形が6個見える）」ということを，言葉としてだけではなく，いつでも使える道具として，感覚的に子どもがもっていなければならない。

このような見方は，実際に正六角形をつくる活動を通して子どもの中に育つ。

低学年のうちからパターンブロックなどに親しむとか，5年生の正多角形の学習の中で作図の仕方を考え，実際に作図する活動を取り入れることは重要なのである。

関係を見る（比べる）

最後に⑥の式について考えてみることにする。はじめ，この式は，⑤のような見方から導き出した式を変形させることによってできた式だと考えていた。

例えば，⑤の式は次のように変形できる。

$10 \times 5 \div 2 \times 3$
$= 10 \times (10 \div 2) \div 2 \times 3$
$= 10 \times 10 \div 4 \times 3$
$= 10 \times 10 \times (3 \div 4)$
$= 10 \times 10 \times \frac{3}{4}$

あるいは，もとの正十二角形の面積（$10 \times 10 \times 3$）の$\frac{1}{4}$であることから，

$10 \times 10 \times 3 \div 4 = 10 \times 10 \times \frac{3}{4}$

と変形させてできた式だろうと予想していた。

ところが，⑥の式を発表したK君の考えは違っていた。聞いてみると，次のように考えたようだ。

まず，この五角形が収まるような正方形を外側にかいてみる。〔図Ⅰ〕

そして，〔図Ⅱ〕のように補助線を書き加えてみると，三角形EABが三角形DCEの部分にぴったりとはまることがわかった。

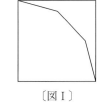

〔図Ⅰ〕

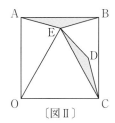

〔図Ⅱ〕

このことから，〔図Ⅱ〕の五角形ABCDEと三角形CBEの面積は等しいと言える。さらに，三角形CBEと三角形OAEは合同なので，五角形ABCDEと三角形OAEは面積が等しいということになる。

これらのことから，〔図Ⅲ〕の三角形OAE，三角形OED，三角形ODC，五角形ABCDEの4つの図形の面積は全て等しいことがわかるの

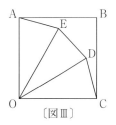

〔図Ⅲ〕

で，五角形OAEDCの面積は正方形OABCの面積の$\frac{3}{4}$になっていると言える。

だから，五角形OAEDCの面積を求める式は，

$$\text{正方形} \times \frac{3}{4} = 10 \times 10 \times \frac{3}{4}$$

となる。それが，⑥の式である。

第6学年算数科学習指導案

研究主題	面積を求めるために円をおうぎ形に分割する発想は，どのようにして引き出すことができるか。

1. 単元名　円の面積

2. 研究主題について

　求積公式につながる円の面積の求め方として，円をおうぎ形に分割し，そのおうぎ形を二等辺三角形と見なしたり，おうぎ形を組み合わせて平行四辺形などの形に変えたりする方法がとられる。しかし，子どもたちに自由に面積を求めさせてみると，はじめからおうぎ形に分割して考えようとする発想は出にくい。

　そこで，円の面積の求め方を考える前に，正十二角形の一部分（外接する円の中心と2つの頂点を結ぶ直線で切った形）の形を扱うことにする。そうすることで，合同な二等辺三角形に分割する発想が引き出しやすいと考えたからである。さらに，正十二角形の場合は，外接する円の「半径」という1つの長ささえわかれば計算で面積が求められることから，公式化しようとする考えも引き出せるのではないかと考えている。

3.「主体的・対話的で深い学び」について

　言い換えれば，主体的であるということは，問題を解決するための道筋や方法を，自分で決めながら考えを進めていくということである。また，対話は，共通の課題をもち，相手の考えや思いを受け入れ，共感し合いながら，お互いに納得できる答えを得ようとすることによって成立すると考える。そして，このような学びの過程を経ることによって，他の内容とのつながりなど，はじめは見えていなかったことが見えてくる，とか，新しい問いが生まれてくるといった場をつくっていきたいと考える。

　本授業では，提示された図形をどのように見るのか，その見方を面積を求めようとするときにどのように活かせばよいかを判断しながら問題解決を進めていくことになる。その時に，自分の見方を伝えたり，他の子の着眼点を参考にしたりしながらよりよい方法を探っていくことになる。このような活動を通して，円と多角形とのつながりや，よりシンプルに面積を求める方法に気づいていけるとよいと考えている。

4. 単元の目標

○円の面積の求め方を，既習の図形を基にして考えることができる。

○円の面積を求める公式を理解し，公式を用いて円や円の一部分を組み合わせてできる形の面積を求めることができる。

5．指導計画（10時間扱い）

第一次　円の面積………………8時間（本時は$\frac{1}{8}$）

第二次　練習………………………2時間

6．本時の指導

①目標

○正十二角形を4等分した形の面積の求め方を考えることを通して，合同な形（二等辺三角形）に分割したり，それらを並べかえたりする方法に気づくことができる。

②展開

主な学習活動	指導上の留意点
1．形をよく見る。 右の形は， どのようにして かいた形だと思いますか？ 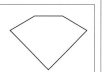 ・中心角90°のおうぎ形をかき，その弧を3等分する点を直線でつないだ。 ・直角二等辺三角形をかき，その上に等脚台形をくっつけた。	・いろいろと向きを変え，図形の組み合わせを考えさせる。 ・かき方を考えさせることにより，正十二角形の一部分であることに気づかせたい。 ・直角部分の頂点と上の2つの頂点を結んでできる角度が30°になることや，2本の長い辺，3本の短い辺の長さがそれぞれ等しくなっていることにも触れておきたい。
2．面積の求め方を考える。 この形の面積の求め方を考えましょう。 ○どの長さがわかれば面積が求められそうですか。 ・3つの二等辺三角形に分けたときの，二等辺三角形の底辺と高さがわかれば……。 ・長い辺（元となるおうぎ形の半径）がわかれば……。 ○面積を求めましょう。 ・3つの二等辺三角形に分けると 　　$(5.2 \times 9.6 \div 2) \times 3 = 74.88$(cm²) 　又は，$10 \times 5 \div 2 \times 3 = 75$(cm²) ・二等辺三角形とたこ形に分けると 　　$10 \times 10 \div 2 \div 2 \times 3 = 75$(cm²)	・元となるおうぎ形の半径は10cmである。 ・3等分してできる二等辺三角形の底辺と高さの組み合わせは，2通り考えられる。（短い辺を底辺にした場合と，長い辺を底辺にした場合の2通りである。長い辺を底辺とした場合の高さはぴったり5cmになる。） ・3つの二等辺三角形を並べかえて，台形に形にすることも考えられる。 ・3つの二等辺三角形に分割するための直線を1本引いた段階で，残りの形がたこ形になっていることに気づけるとよい。 ・左のような計算で面積が求められることを説明させる。

事例4

◆平成30年12月6日
校内研究会

拡大図・縮図の活用問題

◆ 本授業の問題について

> 次のアとイの条件を満たす四角形があります。
> ア. 2本の対角線の長さは6cmです。
> イ. 2本の対角線は垂直です。
> この四角形の4つの辺の真ん中をつなぐと，中に別の小さな四角形ができます。
> できる四角形は，どんな形でしょうか？

拡大図・縮図の内容を活用する問題解決の授業である。

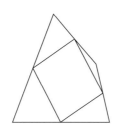

四角形の各辺の中点を直線で結んだときにできる四角形は，右図のように平行四辺形になる。

中学校では，このことを，中点連結定理を使った証明問題として扱われることが多いようだ。「平行四辺形になることを証明せよ」というように。

ここでは，中学校のような扱いをするので

はなく，四角形の中点をつないでできる四角形の形について関心をもち，「なぜ，そうなるのか」を考える時に，拡大図・縮図の単元で学習したことが使えるのではないかと考えて教材化を試みた。

◆ この問題に関わる力

関係を見る

任意の正方形をかき，各辺の中点に印をつける。その4つの点を直線でつなぐと，中に小さな正方形ができる。

もとの形が正方形であれば，どんな大きさであっても正方形ができる。しかも，その面積はもとの正方形の半分になる。

正方形

では，はじめに長方形をかき，その各辺の中点を結んだらどんな形ができるだろうか。調べてみると，今度はひし形ができる。

長方形

もとの長方形がどんな長方形の場合にも，できる四角形はひし形である。

では，もとの四角形の各辺の中点を直線で結んだとき，中に長方形ができる場合はあるだろうか。

調べてみると，もと

長方形

ひし形

の四角形がひし形の場合は中の形が長方形に
なることがわかる。

　整理すると，次のようになる。

〈もとの四角形〉〈中にできる四角形〉

　　正方形　　→　　正方形
　　長方形　　→　　ひし形
　　ひし形　　→　　長方形

　このような関係がわかってきたときに，次
にやってみたいことはどんなことだろうか。

　「もとの四角形が平行四辺形や台形の場合
はどうだろうか」というように，「もとの四
角形」を変えて調べてみたいという子もいる
だろう。

　その中には，「正方形のように，もとの形
と同じ形ができる四角形は他にもあるだろう
か」とか，「長方形とひし形のように，もと
の四角形とできる四角形の組み合わせが逆の
関係にあるものは他にもあるだろうか」とい
うように，もう少し細かい条件について考え
る子もいるだろう。

　あるいは，「各辺の真ん中ではなく，点を
打つ位置を変えてみたらどうだろう。例えば，
辺を１：２に分ける点に打ってつないだ
ら？」のように，点を打つ位置を変えてみた
ときに，何かきまりのようなものが見つかる
だろうかと疑問をもつ子もいるかもしれない。

　いずれにしろ，「もとの四角形」と「でき
る四角形」の間に何か関係があるかもしれな
いという目をもち，「もとの四角形」や「点
の位置」などを変えながら，関係を見いだす
ための情報を増やしていこうと働きかけてい
く姿を引き出したいと考える。

　本時の問題では，「もとの四角形」の条件
を，「２本の対角線が同じ長さ（６cm）で
直交する四角形」としてみた。

　詳しくは後述する
が，この条件にあて
はまる四角形という
と，正方形，たこ形
が思い浮かぶ。そし
てその他に右のよう
な四角形もある。

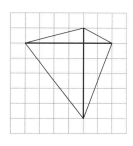

　だから，中にできる四角形もいろいろな形
になりそうなのだが，調べてみると，どの四
角形の場合も中にできる四角形は正方形であ
る。しかも，その正方形の１辺の長さはいつ
も３cmになる。

　そうなる理由は，「対角線が直交する」と
いうことと「対角線の長さは３cm」という
ことと関係する。

関連づける

　この問題を解く鍵となる中点連結定理を確
認しておきたい。この定理は，「三角形
ABCの２つの辺ABと辺ACの中点をそれ
ぞれ点M，点Nとすると，直線MNは辺
BCに平行で長さが
半分になる」という
ものである。（右図）

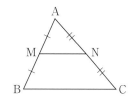

　本授業は，この定
理を小学生で扱うと
いうものではない。拡大図・縮図の学習の活
用問題という位置づけである。

　上の図の三角形ABCと三角形AMNの関
係について調べてみると，三角形ABCは三

角形 AMN の２倍の拡大図になっている。このことは，小学生でも理解できるだろう。

このとき，BC の長さは MN の長さの２倍ということになる。

また，角 AMN ＝角 ABC，角 ANM ＝角 ACB であることから，MN と BC は平行になることもわかる。

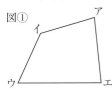
図①

これらのことを使って，本時で扱う教材について考えてみたい。

左の図①のような四角形アイウエは，対角線イエで図②のように２つの三角形に分けることができる。

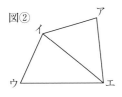
図②

図③のように，三角形アイウの辺アイ，辺アエの中点をそれぞれ点カ，点キとすると，直線カキは対角線イエに平行でイエの半分の長さの直線となる。

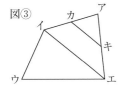
図③

同様に，辺ウイ，辺ウエの中点を点ケ，点クとすると，直線ケクは対角線イエに平行でイエの半分の長さの直線と言える（図④）。

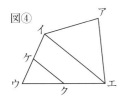
図④

これらのことから，直線カキと直線ケクは平行で長さが等しいこと

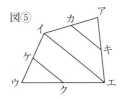
図⑤

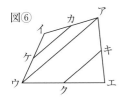
図⑥

とがわかる。（図⑤）

また，図⑥のように，四角形アイウエを対角線アウで分けた２つの三角形についても同様に考えると，直線カケと直線キクは平行で，長さが等しいと言える。

これらのことから，四角形アイウエの各辺の中点を直線で結んでできる四角形カキクケは平行四辺形であることがわかる。

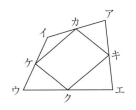

図③の三角形アイエが三角形アカキの２倍の拡大図になっていることに気づくことができれば，対角線イエと直線カキの関係が説明できるかもしれない。そして，いつでも平行四辺形ができる謎解きに迫れるかもしれないと考えたわけである。

表す→視点を増やす

本時の問題を，ここでもう一度確認してみたい。次のとおりである。

> 次のアとイの条件を満たす四角形があります。
>
> ア．２本の対角線の長さは６cm です。
>
> イ．２本の対角線は垂直です。
>
> この四角形の４つの辺の真ん中をつなぐと，中に別の小さな四角形ができます。
>
> できる四角形は，どんな形でしょうか？

一般化した問題としては，「四角形の各辺の中点を直線でつなぐとどんな四角形ができるでしょうか」となり，答えは「平行四辺形」となるのだが，このままでは平行四辺形

ができることに気づかない子も多いだろうし，平行四辺形ができる理由を考える手がかりが見つかりにくい。そこで，本時の授業では，はじめにかく四角形の条件を限定することにした。

　条件の設定の仕方としては，何通りか考えられる。例えば，はじめにかく四角形の対角線の長さを次の①，②，③のように指定した場合，中の形はそれぞれどうなるだろうか。

> ① 2本の対角線の長さが等しい四角形
>
> ② 2本の対角線がどちらも 6 cm の四角形
>
> ③ 対角線の1本は 6 cm，1本は 4 cm の四角形

---

　①の場合は各辺の中点を結ぶと，長さはバラバラだがいつもひし形ができる。②の場合は1辺が 3 cm のひし形ができる。③の場合は辺の長さが 3 cm，2 cm の平行四辺形ができる。

　これらに「2本の対角線は直交する」という条件が加わると，①と②は正方形になり，③は長方形になる。

　このように，最初に示す条件の組み合わせは何通りもあり，それぞれ中にできる四角形は異なってくる。もとの形は何種類もできるのに，中にできる形がいつも同じになれば，そこに子どもは不思議さを感じるに違いない。そう思って，対角線の長さを2本とも 6 cm にして，直交する場合というように限定したわけである。

　ここまで述べたことは，実際に，条件に合うようにかいてみることで見えてくる。

　対角線がそれぞれの真ん中で交わる場合は，正方形ができる。この縦の対角線を少し下にずらすとたこ形になる。そして，そのまま縦の対角線を右にずらしてみると4つの辺の長さが異なる四角形ができる。

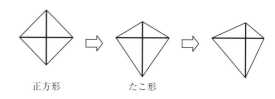

正方形　　　　　　たこ形

　このようにもとの形は違っていても，それぞれの四角形の辺の中点を直線でつなぐと，どれも同じ大きさの正方形ができるのである。

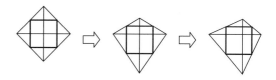

　この不思議さを子どもに感じ取らせるためには，条件に合う形を図や言葉で「表す」時間をとることが必要である。そうすることによって，子ども達が考えるための情報が増えるのである。

変えてみる

　条件がかなり限定された問題場面なので，

子どもはその条件を変えながら，一般化に向けて考えを進めていく。

授業前に私が想定していた子どもの思考の流れは，次のようなものである。

まず，問題文のアとイの2つの条件に合う四角形を1つ決める。おそらく，「正方形」を思い浮かべる子が多いだろうから，まずは「正方形」の中点をつないでできる四角形を考え，「正方形ができる」という答えを得る。

これに対し，「アとイの条件に当てはまる四角形は，正方形だけじゃないよ」と言う子もいるだろう。そして，「この（正方形じゃない）形の場合は，各辺の中点をつないでも，正方形はできないと思う」と考えることが予想される。

ところが，実際に直線でつないでみると，やはり正方形ができる。しかも，それは，もとの形が正方形の場合と合同な正方形である。

そこで，「もとにする四角形が他の形の場合はどうなるのかな」「やはり正方形ができるのだろうか」「実際にかいて確かめてみよう」と考えていく展開が予想される。

アとイの条件に合う四角形をもとにした場合，各辺の中点を結んでできる四角形はいつも正方形になることがわかった時点で，次に

子ども達が考えたいことは何だろうか。

期待される反応としては，次のようなものが想定できる。

> 「なぜ，いつも正方形になるのかな？」
> ……理由を考える
> 「2本の対角線が交わらない場合も正方形になるのかな？」
> ……条件の解釈を広げる
> 「2本の対角線の長さを変えたらどうなるのかな？」
> ……条件を変えたら何が変わるかを調べる
> 「2本の対角線が交わる角度が直角でない場合はどうなるのかな？」
> ……条件を変えたら何が変わるかを調べる
> 「各辺の中点を直線でつないだときに，長方形になるようにできるのかな？」
> ……考える方向を変える

つまり，次に調べることを変えてみるのである。これらをさらに追究することで，各辺の中点をつないでできる四角形と，もとの四角形の対角線との関係が見えてくるのではないかと考えている。

◆ 授業の実際

（1）図形のかき方を確かめながら作図する

アとイの条件を満たす四角形をイメージさせる。

ア．2本の対角線の長さは6cm。

イ．2本の対角線は垂直。

子ども達が頭に思い浮かべた形の中から，まずは「正方形」を取り上げて，「4つの辺の中点をつなぐとどんな形ができるか」を考えさせた。実際に直線を引き，中に小さな正方形ができることを確認する。

（2）もとの形が「正方形以外」の場合は？

ア，イの2つの条件に合う形には「たこ形」もある。その場合には辺の中点を結んでできる形はどんな形になるかを考えた。

子どもの予想は，「いろいろなたこ形ができるから，その形によって（中点をつないでできる形は）違う」「正方形か長方形」「いや，いつでも正方形だと思う」のように分かれた。

そこで，実際に作図して調べてみることにする。その結果，どの形の場合も正方形ができることがわかった。（途中で，「等脚台形」の場合にも正方形ができることに気づくことができた。）

（3）いつも正方形になる理由を考える

「いつも正方形ができる理由が言える」と挙手した子が4人いるので，全体で，理由を考えてみることにする。

R君は，正方形の外側にある4つの四角形（右図の斜線部分）に着目し，その面積を考える

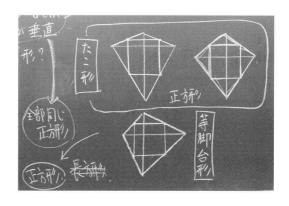

ことで説明できそうだと話した。多くの子が，この見方が使えそうだと考えた。

一方，S君は，1本の対角線を引いたときにできる三角形に着目した。中点をつなぐことによって，そこに拡大図・縮図

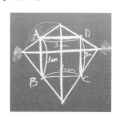

の関係にある2つの三角形ができるので，その辺の比を考えると，正方形の辺の長さは対角線の半分になることができると説明した。

（4）条件を変えた場合を考える

最後に，「四角形の辺の中点をつなぐと，いつでも正方形になるんだね」とまとめると，「その条件の場合だったらそうなるけど，条件を変えた場合には，正方形にならない場合もあると思う」という意見が子どもから出された。

そこで，「長方形」ができる場合の条件を予想し，実際に確かめて授業を終えた。

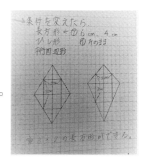

第6学年算数科学習指導案

研究主題	算数科における「きめる」学び

1. 単元名　拡大図・縮図

2. 研究主題について

「きめる」の位置づけを整理すると，次のようになる。

もとにする四角形の条件と，作図の仕方を知る。

↓

「きめる①」　アとイの条件を満たす四角形を1つ決める。（はじめは正方形が望ましい）

↓　正方形以外の四角形もあるよ。（条件を満たす別の四角形にも目を向ける）

「きめる②」　正方形以外の四角形を決めて，各辺の中点をつないでみる。

↓　他の四角形の場合も正方形ができるね。（わかることが増えていく。）

「きめる③」　この段階での結論が決まる。

↓　いつでも正方形になりそうだ。なぜだろう？（理由を考える）

「きめる④」　対角線で分けた2つの三角形の中の相似形に着目する。（着目する形を決める）

↓　各辺の中点をつないでできる四角形の辺の長さは，対角線の半分になるから…

「きめる⑤」　対角線の条件を変えてみる。

↓　このように変えたら，この形ができるんじゃないか。（期待感をもって条件を決める）

新しいことが見えてくる。

　もとの形が正方形で，各辺の中点を直線でつないでできる四角形が正方形になるという明らかな場面から調べ始める。そして，少しずつ形を変えながら調べていくことになるので，全体像が見えるまでの道筋としてはかなり遠回りをしている感がある。

　しかし，「この場合はどうだろう」「ここを変えたらどうなるのかな？」というように，少しずつ結論に迫っていくことによって，納得しながら前に進んでいくことを経験することが，授業では大切なことであると考える。

3. 単元の目標（省略）

4. 指導計画（省略9時間扱いの第7時である）

5. 本時の授業

（1）ねらい　四角形の各辺の中点をつないでできる四角形の辺は，もとの四角形の対角線に平行で，半分の長さになっていることに気づくことができる。

（2）展開

主な学習活動	指導上の留意点
1．図形のかき方を確かめる。	

次のアとイの条件を満たす四角形があります。

　ア．2本の対角線の長さは6cmです。　イ．2本の対角線は垂直です。

この四角形の4つの辺の真ん中をつなぐと，中に別の小さな四角形ができます。

できる四角形は，どんな形でしょうか？

○2つの条件を聞いて，どんな四角形を思い浮かべましたか？ ・正方形 ・正方形以外の四角形もできそうだ。 ○もとが，正方形の場合は，どんな四角形ができるでしょうか？ ・（面積半分の）正方形	○はじめは，ノートに作図させずに，頭の中で考えさせる。 ○子ども達の意見の中から，「正方形」を取り上げることにする。 ○黒板上で，かき方を確認しながら，正方形になることを確かめる。
2．もとの四角形が正方形ではない場合について，作図して調べる。 ・やっぱり正方形になった。 ・さっきと同じ大きさ（1辺が3cm）だよ。 ・他の四角形もかいて調べてみよう。	○ノート上で，何通りかの四角形をかいて確かめさせる。そこで共通することを取り上げていくようにする。 ○対角線が交わらない四角形をかいている子がいたら，それも取り上げる。
3．いつも正方形になる理由を考える。 ・2本の対角線の長さが同じだから。 ・2本の対角線が垂直に交わっているから。 ・できる正方形の1辺の長さ（3cm）は，対角線の長さ（6cm）の半分だね。 ・拡大図と縮図の関係になっている2つの三角形が見えるよ。	○ここで，1：2の相似形になっている2つの三角形に着目する子がいない場合は，深入りせずに，そのまま4の活動に移る。そして，4の活動の後，再度，できる四角形の種類と対角線との関係について尋ねてみることにする。
4．対角線の条件を変えて調べてみる。 ・2本の対角線の長さを変えたら，長方形ができると思う。 ・2本の対角線が垂直に交わっていなければ，ひし形ができると思う。	○残り時間が少なければ，条件の変え方の例か，できる形の例を教師側から示し，予想を立てさせる程度でよい。

事例5

◆平成31年2月8日（金）
初等教育研修会：［問題1］
◆平成31年2月9日（土）
初等教育研修会：［問題2］

作図の方法を考える

◆ 「作図」の授業で扱った問題2題

ここでは，中学校で行う作図指導への橋渡しとなる授業を2つ提案したい。

中学校の数学では，作図の学習を行う。作図は，コンパスと定規だけを使って行う。定規は直線を引くためだけの道具で，長さを測り取るためには使わない。コンパスは，円をかく道具というより，同じ長さ写し取る道具として用いる。この定規とコンパスだけを使って，線分の垂直二等分線，角の二等分線，垂線などを引く方法について考えるのである。

これらの方法は，小学校で学習した図形の性質を利用すれば，ある程度見つけることができる。

6年生の終わりの時期に，このような作図の方法について，具体的な場面を通して考えさせることは，小学校で学習した内容について振り返る問題として有効であると考える。

> 〔問題1〕垂直二等分線の作図
> 子どもたちが輪投げをします。立つ位置を変えずに輪を投げることにします。棒をどこに立てればよいでしょうか

「子どもたち」なので，複数人の子が輪投げをするという設定である。

公平に輪投げをするには，そこにいる全ての「子ども」から等距離にある点に棒を立てなければならない。

つまり，「子ども」が立つ位置を点とすれば，それらの点を通る円の中心に棒を立てればよいということになる。だから，「その円の中心はどのようにして見つければよいか？」という問題と見ることもできる。

この問題に対して，子どもたちはどのようにアプローチしていくだろうか。

最初に，「子どもが何人かいるんだったら，どの子からも同じ距離にある点を1つ決めるのは無理じゃないか」と言う子が出てくると予想される。

そこで，「子どもの数が何人だったら，棒の位置が決められるか」を話題にする。

「2人だったら……」と言う子がいるだろうから，みんなで「2人の場合」を考えてみることにする。おそらく，「2人の真ん中（2点を結ぶ線分の中点）だよ」と答え，それで満足する子がいる。

一方で，「2人から等距離にある点は他にないだろうか」と考え始める子もいるだろう。すると，2人（2点）から等距離にある点は無数に存在することに気づく。その点の集まりは，2点を結ぶ直線の垂直二等分線となる。

では，「3人」の場合はどうだろうか。3

人から等距離にある点の位置を決めるのは、難しそうに思える。すぐに諦めてしまう子もいるだろう。それに対し、「3人が直角二等辺三角形の形になるように立っている場合ならわかりそうだ」というように、ある条件の下で考えてみようとする子もいる。すると、意外と簡単に中心が見つかることもある。

ここまで述べたように、「2人だったら……」「3人の並び方が〜だったら……」と考えてみることによって、「ここまではわかるよ」「ここから先がわからない」が段々とはっきりしてくる。そこを子どもたちと一緒に考え、乗り越えながら、新たな問いに向かっていくようにしたい。

この内容は、線分の垂直二等分線の作図につながるものである。

ここで使われる見方・考え方は、小学校の3年生で学習した「円」「二等辺三角形」、4年生で学習した「ひし形」、6年生で学習した「対称」の内容と関連が深い。

> 〔問題2〕角の二等分線の作図
> おうぎ形を2つに等分しましょう。

つまり、おうぎ形を、面積が同じになるように2つに分ける方法を考えるということである。すぐに思いつきそうなアイディアとして、次の2つがある。

1つは、図1のように、点Oを中心にして半径が半分の円弧をかけばよい、という考えである。ところが、計算をして面積を求めてみると、この方法ではおうぎ形が二等分されないことがわかる。そこで、内側のおうぎ

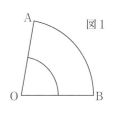

図1

形の半径をもう少し大きくしてみようとするのだが、小学生ではその半径の値を求めることは難しい。

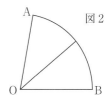

図2

もう1つは、図2のように、中心角を二等分するように直線を引けばよい、という考えである。では、どのような方法を使えば中心角を二等分することができるだろうか。

最初は、「半分に折ればよい」という考えが出るだろう。また、「分度器を使って角度を測ればよい」という考えも出てくると予想できる。

ここで、「折ってはいけない」「分度器を使ってはいけない」という条件を付け加えてみる。そこで、子どもは、別の方法を考えることになる。

例えば、中心角が90度のおうぎ形の場合であれば、半径を一辺とする正方形をかいて、その正方形の対角線を引けば90度を二等分できる。正方形を対角線で分けると、2つの直角二等辺三角形に分かれることを、これまでの経験から子どもたちは知っているので、それを使おうとする発想である。

では、中心角が90度よりも小さい場合はどうだろう。もし、正方形の対角線の発想を生かすならば、今度は半径を一辺とするひし形をかいてみれば同じようにできる。

このように、特殊な場合について考えてみ

ることによって，「ここまではわかるよ」「ここから先がわからない」が段々とはっきりしてくる。そこを子どもたちと一緒に考え，乗り越えながら，新たな問いに向かっていくようにしたい。

この授業の内容は，角の二等分線の作図につながるものである。ここで使われる見方・考え方は，小学校の3年生で学習した「円」「二等辺三角形」，4年生で学習した「ひし形」，6年生で学習した「対称」「円の面積」「拡大図・縮図」の内容と関連が深い。

◆ 問題1に関わる力

視点を増やす

点Aと点Bから等距離にある点Oの見つけ方について考えてみる。

はじめに思いつく点は，直線ABの中点（図3）であろう。この1点しかないと考える子もいる。

次に思いつく点は，直線ABを1辺とする正三角形（図4），あるいは直角二等辺三角形の頂点（図5）ではないかと思われる。

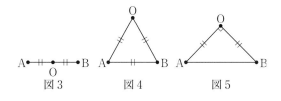

図3　　　図4　　　図5

このように，思い浮かんだ点をいくつか挙げていくことによって，点Oが複数存在することが見えてくる。また，これらの点が1本の直線上に並んでいることに気づく子が出てくることが期待できる。

関連づける

要するに，3つの点をつないでできる三角形OABが二等辺三角形になればよいわけである。この三角形の点Oは，常に直線ABの垂直二等分線上にある。

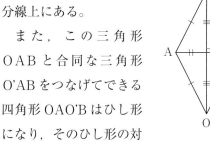

また，この三角形OABと合同な三角形O'ABをつなげてできる四角形OAO'Bはひし形になり，そのひし形の対角線は互いに中点で垂直に交わっている。

どちらも直線ABの垂直二等分線を対称の軸とする線対称な図形であると見ることもできる。

表す

たくさんの点Oを並べてできる直線が見えてきたときに，子ども達はその線をどのような言葉で表すだろうか。

例えば，「二等辺三角形を半分に折ったときの折り目」という言い方ができる。この表現は，折り紙などで二等辺三角形を作った経験と結びつく。

二等辺三角形は線対称な形だから，この折り目は「対称の軸」とも言える。このとき，点Aと点Bは対応する点であり，対応する点を結ぶ直線は対称の軸と垂直に交わり，対称の軸によって二等分されている。

難しい表現をする必要はない。「半分」「真ん中」「同じ長さ」とか「垂直」「直角」など

わかる言葉を使いながら，この直線の特徴を表せるとよい。

変えてみる

　点が2つの場合，つまり，輪投げ遊びをする子の人数が2人の場合は，どこに輪投げの棒を立てればよいかがわかった。では，3人の場合はどうだろうか。

　点A，点B，点Cの3つの点から等しい距離にある点を見つけることはできるか，という問題である。

　これに対し，「3点の並び方によってはできる」と考える子もいれば，「1本の直線上に並んでいなければ見つけられる」と考える子がいるだろう。

　まずは，等距離にある点を見つけられるような3点の並び方について考えてみたい。

　それらについて考えているうちに，解決策が見えてくるのではないかと期待している。

（参考）

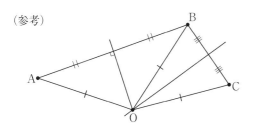

　直線ABの垂直二等分線と直線BCの垂直二等分線の交点Oが3点から等距離にある点である。

◆ 問題1の授業の実際

　「子どもたちが輪投げをしようとしています。どこに棒を立てればよいでしょうか。」という問題を提示した。

　クラスの子から質問を受け，条件を整理し

ながら，問題場面を理解させる。

　おはじきを6個を黒板にバラバラに貼り，「子どもたちがこのように立っているとき，棒を立てる場所を決めることはできるだろうか」と尋ねてみた。すると，K君が，「2人を選んだときに……」と言いながら次のような説明を始めた。

　2人（2つの点）をつないで，（その直線を一辺とする）正三角形を上と下に2つ作り，その頂点を通るように直線を引けばよい。

その直線上の点と2つの点をつなぐと二等辺三角形ができるから，その線の上にある点だったらどこでも，2つの点から同じ距離にあると言える。

　ここで，K君のかき方を理解できたかどうかをみんなで確かめることにする。そして，この直線の特徴として次の2つがあることを確認する。

ア．2点を結ぶ直線の中点を通る

イ．2点を結ぶ直線に垂直である

　この条件を満たさないと，そこにできる三角形の辺の長さが同じにならなくなる。別の言い方をすれば，二等辺三角形ではなくなるので，2点からの距離が違ってしまうというわけである。

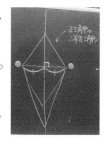

　続いて，2点から等距離にある直線を実際に引いてみることにする。その時に，どの道具を使おうと思っているかを尋ねてみた。

すると，「定規と分度器」「三角定規」などの意見の中に，「定規とコンパスだけでできる」という意見もあった。そこで，それにみんなで挑戦してみることにした。

2つの点が印刷してある紙の上で作図したことを，N君に黒板上でやってもらう。その時の図が，右の写真である。

ここまでで，2人の場合には棒を立てる点は定規とコンパスがあれば決めることができ，その点は無数にあることがわかった。

続いて，「3人目がいる場合にも，棒の位置を決められるか」を話題にする。つまり，「3点から等距離にある点」，別の言い方をすると，「3点を通る円の中心」を見つける方法を考えるということである。

はじめ，子どもたちは，「場合による」と答えた。「3人目が立つ位置によって，棒の位置が決められる場合とそうでない場合がある」ということである。

まずは，「もし，3人がまっすぐ一列に並んでいたら無理でしょ」と言う。「じゃあ，3人がどんなふうに並んでいたら，棒の位置は決められるの？」と問い返してみた。

Mさんは，「正三角形」と答えた。「二等辺三角形でもわかる」とR君は言う。「2点を通る弧をかいて，その弧の上にもう1つの点を打てばよい」という意見も合った。

これに対し，「どんなふうに並んでいる場合でも，棒の位置を決められる」と言う子も

いる。このような意見を受けて，実際に点の見つけ方を考えてみることにした。（後略）

◆ **問題2に関わる力**

関係を見る

問題1と問題2を比べてみると，同じ方法が使えることがわかる。

問題1では，2つの点を結ぶ直線を垂直に二等分する直線を見つければよいことがわかった。では，問題2の場合はどうだろうか。

はじめに示した図2のように，おうぎ形の角度を半分にすることを考えてみる。分度器で角度を測ることができない場合，子どもはどのような方法を採るだろうか。

先述のように，もし，折ってもよいとするならば，ぴったり重なるように半分に折れば，その折り目が角の二等分線となる。ということは，問題1と同じように，求める直線は，おうぎ形の対称の軸ということになる。

また，右の図の弦AB を引き，その中点P と中心O をつなぐ直線が，このおうぎ形を二等分する直線であ

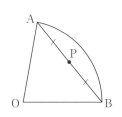

り，その直線は角O を二等分することに気づけば，問題1で見いだした方法が問題2でも使えることがわかる。

◆ **問題2の授業の実際**

「大きなピザを等分します」という場面を示し，「何等分の時が簡単に分けられるか」を尋ねてみる。すると，「2等分，4等分，8等分，16等分……」という答えが返ってきた。

そこで，「2等分」から順に，その方法に

ついてはっきりとさせていくことにする。

① 2 等分の場合

「縦に」「横でもよい」「斜めでも」という答え。「円の直径で切る」のように、算数の用語を使った言葉を期待したが、ここでは出てこなかった。

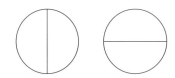

② 4 等分の場合

「縦と横に切る」と言った子がいたが、これも条件のはっきりとしない表現である。そこで、「きっちり分けるには、どんなことに気をつければよいだろうか」と問い返した。これに対し、次のような条件が挙げられた。

・線が垂直に交わるように引く
・2 つの直線が交わっている点が円の中心
・交わっている点から端までの長さが同じ
・円の一番出っ張っている部分同士をつなぐ
　これらを整理し次の 2 つの条件にまとめる。
・1 本目は、円の中心を通るように引く。
・2 本目は、1 本目に垂直で、中心を通るように引く。

③ 8 等分の場合

　円を 4 等分したものをさらに半分にする。つまり、90°の角度を二等分する方法を考える問題である。

　最初に考え出された方法は、直角マークの正方形の対角線

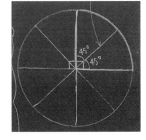

を延長するというやり方である。ノートの方眼を使ってかいている子もいたが、正方形の対角線を利用するという発想は同じである。

　そこで、「方眼は使わずに」という条件をつけ、無地の紙にかく方法を考えさせた。

　そこで出された方法は、次の 3 つである。

〔方法 1〕

　おうぎ形の端を直線で結び、その中点と中心を結ぶ。中点を見つけるために、ここでは物差しで実測していた。

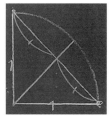

〔方法 1〕

〔方法 2〕

　直角二等辺三角形の三角定規の 45°の角をあてて線を引く。

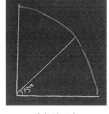

〔方法 2〕

〔方法 3〕

　「昨日の勉強が使える」と言っている子がいる。「昨日の勉強」というのは、「2 点を結ぶ直線の垂直二等分線を引く方法」である。

　「どれぐらいの長さでもいいんだけど、コンパスで線を引くと交わる点ができるから、ここを通るように線を引けばよい」とその子は説明した。

〔方法 3〕

　この後、さらに 45°を 2 等分して、円の 16 等分をつくるわけだが、〔方法 3〕はそこでも使えそうである。

　この方法は、中学校で学習する角の二等分線の引き方につながるものである。

第6学年　算数科学習指導略案

1. 題材名　3つの点を通る円

※単元「数学への架け橋」全11時間の第二次，「円を中心にした問題解決」の第1時である。

2. 本時の指導

①目標　○2つの点から等距離にある点を見つける過程において，そこに二等辺三角形を見
　　　　　出し，2点を結ぶ線分の垂直二等分線のイメージをもつ。

　　　　○3つの点から等距離にある点を見つけることができる。

②展開

主な学習活動	指導上の留意点
1. 問題を把握する。	
子どもたちが輪投げをしようとしています。立つ位置を変えずに輪を投げることにします。棒をどこに立てればよいでしょうか。	
・子どもは何人いるの？ ・全員から同じ距離の位置に棒を立てなければならないよ。 ・2人だったら簡単だよ。 2. 2点から等距離の点を見つける。 ・2人のちょうど真ん中だよ。 ・他にもあるよ。 ・たくさんあるね。二等辺三角形ができるよ。 ・3人の場合はどうだろう？ 3. 3点から等距離の点を見つける。 ・3人が，直角二等辺三角形の形に並んでいるときだったらわかるよ。 ・ばらばらに並んでいるときは無理かな？ ・3人のうち，2人ずつをペアにして考えてみるとよさそうだ。 ・見つけた点を中心にして，3点を通る円がかけたよ。	・実際に輪投げの場面を示し，棒の位置をいろいろと変えて見せながら，問題の意味を理解させる。 ・何人の場合だったらわかりそうか，子どもにたずねる。 ・2人の場合，条件を満たす点がたくさんあることに気付かせるようにする。（2点を結ぶ直線の垂直二等分線上の点） ・二等辺三角形の学習を想起させる。 ・まずは，「3人が立っている位置関係によって，等距離の点が決められる場合と，決められない場合がありそうだ」という考えを引き出したい。 ・2の活動で見つけたことが使えそうだということに気づかせたい。 ・実際に円をかいて確かめてみる。

平成31年2月9日（土）
初等教育研修会

第6学年 算数科学習指導略案

1. 題材名 おうぎ形を半分に分ける

※単元「数学への架け橋」全11時間の第二次，「円を中心にした問題解決」の第1時である。

2. 本時の指導

①目標 ○おうぎ形を二等分する方法を考えることができる。

○角を二等分する直線を，分度器を使わずに引くことができる。

②展開

主な学習活動	指導上の留意点
1. 問題を把握する。	
おうぎ形のピザを2人で等分します。等分する線を引きましょう。	
・面積が半分になるようにすればいいんだね。	・この段階では，紙に写して折るという方法も認める。
2. 円弧を引いて半分にできるかどうか，考える。	
・半径を半分にすればいいんじゃないかな。	・半径を半分にすると，面積は4分の1になってしまう。
・その方法では，面積は半分にならないよ。	・半径を求める活動には深入りしない。
・円弧をかいて半分にするのは難しいな。	
3. 中心角を二等分する直線の引き方を考える。	
・折ることができれば……。	・「折らずに，分度器を使わずに」，中心角の二等分線を引く方法を考えさせる。
・分度器が使えれば……。	
○分度器を使わずに，中心角の二等分線は引く方法を考えてみよう。	・中心角が90度のおうぎ形を提示し，その二等分の仕方を考えさせる。
・中心角が90度だったら……。	
○中心角が90度よりも小さい場合は？	・ひし形や二等辺三角形が見えてくるとよい。
・半径を一辺とするひし形をかき，対角線を引けばよいのではないか？	・点Oと弧の中心を結ぶ直線が，中心角の二等分線になる。
・前時の方法で，AとBを結ぶ直線の垂直二等分線をひけばよいのではないか。	

夏坂学級での内地留学報告

かしこく　優しく　温かい
夏坂学級の子どもたち

青森県八戸市立下長小学校　佐々木亮輔
（内地留学当時）

□ 筑波大学附属小学校での研修

　平成29年度の10～11月にかけて約1か月間，筑波大学附属小学校へ国内研修に行かせて頂いた。主に，4部5年（当時）の夏坂学級の皆さんと多くの時間を過ごさせて頂いた。その中で学んだことを「授業づくり」と「学級づくり」という2つの視点で振り返りたい。

□ 授業づくりという視点で

　夏坂学級の授業を参観して感じたことは，授業が子ども主体で進んでいくということだ。そこには多くの対話が生まれる。子どもたちが考えを主張しあい，気付くと本時のねらいを達成していく。そして，何より温かい。夏坂先生の授業を参観させて頂いて，多くの事を学んだ中で2点に絞って述べたいと思う。

---

①子どもに「決めさせる・選ばせる」
②誤答の根拠を考えさせる

　ある日の授業で次のような問題を夏坂先生は提示した。

牛乳が2Lあります。
□人で等しく分けます。1人分は何Lでしょうか。

　夏坂先生は1～5の数字が書かれた5枚のカードを黒板に貼り，「（問題の□の中に）この中のカードを出そうと思う」と言った。すると，子どもたちは「2がいい」「1もいい」「いや1だと分けるとは言わないよ」「4と5ならいける」と自ら数値を選び，主体的に解き始めた。そこには自然と対話が生まれ，既習を振り返ることにもつながった。

　その中で，「3だけは無理だ」「いや，分数ならできる」という意見が出たので，夏坂先生は，ノートに答えを書かせ，子どもが書いた以下の考えを取り上げ板書した。

（ア．$\frac{1}{3}$L　イ．$\frac{2}{3}$L　ウ．$\frac{3}{2}$L）

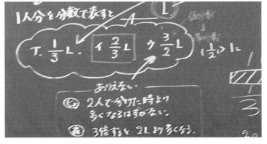

　夏坂先生は「これは違うなっていうのある？」と投げかけた。すると，「ウの$\frac{3}{2}$Lはありえない。$\frac{3}{2}$は1Lより大きい。2人よりも多い人数でわけているのに，1Lより大きくなるはずがない」「$\frac{3}{2}$Lを3倍すると1を超えてしまう。もし，この答えが$\frac{3}{2}$Lなら，3人で分けたのを合わせると，2Lになるのに超えてしまう」と誤答の根拠を説明した。そこで，夏坂先生は「アかイかどっ

ちかっていうこと？」と発問した。すると，「アはない。もし，アが合っていたとしたら，$\frac{1}{3}$ L を 3 倍すると $\frac{1}{3} + \frac{1}{3} + \frac{1}{3} = 1$ L。2 L になるはずなのにおかしい」と子どもが説明し始めた。そこで，夏坂先生は「アって言った人の気持ちわかる？」と発問した。するとある子どもは「2 L を $\frac{1}{3}$ にしているから，（図をかきながら）このように $\frac{1}{3}$ L としたんだと思う」と図示して誤答の根拠を説明した。

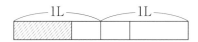

その図を見た多くの子どもたちが，「1 L を $\frac{1}{3}$ にしたものが 2 つ分だから $\frac{2}{3}$ L だ」と図を新たにかき，誤答から正答に行きついた。

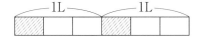

夏坂先生の授業はいつも子どもに主導権がある。自分たちで選び，決め，子どもたちのペースで問題解決が行われていく。すぐにゴールまでの最短距離を探すのではなく，「これは違うだろ」というものに目を向け，みんなでその根拠を理解していく。そのことにより，授業の最後にはみんなでゴールに到着する。

□ 学級づくりという視点で

子どもに「決めさせる・選ばせる」ことは授業以外の場面でも同じであった。山梨県の清里に合宿に行った時のことだ。標高2,000 m を超える八ヶ岳という山に登った時のことだ。まるで壁のような斜面を恐怖と闘いながら「みんなここ足元滑るぞ！」「もう少しで頂上だ！　頑張ろう！」「佐々木先生，ふらふらだよ。大丈夫？　後ろから押してあげよ

っか？」（本当に温かい子どもたちである。）と自然に声を掛け合いながら登る子どもたち。何時間もかけ，何とか頂上までたどり着いた。子どもたちも私たちも疲労困憊。さて，お昼御飯だ……と思っていると，夏坂先生が「ここよりもっと上に大天狗という山頂があるのだけど，登りますか？　みんなで話し合って決めてください」と投げかけた。子どもたちは頭を寄せ合い相談し始めた。相談した結果は「登りたい！」であった。その後，見事に大天狗を制覇した！　夏坂先生は常に子どもたちに決めさせる。だからこそ，自分の行動に責任感が生まれる。自分たちで決め，成し遂げたからこそ，そこにクラスの強い絆も生まれる。自分たちで決めて得られた経験は子どもたちにとって一生の宝物になるだろう。

□ 最後に……

1 か月間の研修の最終日のことであった。昼休みに夏坂学級のやんちゃな男子数名が私の所に来てくれ，「佐々木先生，今日で終わりでしょ？　いつ八戸帰るの？」などと，たわいもない会話をしていた。チャイムが鳴り，掃除の時間に。すると，「なっちゃん（夏坂先生の愛称）には内緒だよ」と小さいミカンを手渡してくれた。木になっていたのを採ってきたのだそうだ。そして，照れくさそうな顔で部屋を出て行った。涙を流しながら食べたその甘酸っぱいみかんの味は，私の人生で忘れることのない思い出の味となった。

劇づくりの裏話
『宿題ひきうけ株式会社』の初出は
『教育研究』誌の連載だった

　平成30年1月15日，本校の創立記念式典で，私が担任する4部5年は劇の発表をした。

　題名は，『宿題ひきうけ株式会社』。

　劇の台本は私のオリジナルだが，ストーリーに関しては，もとにした児童向けの本がある。それは，古田足日氏が書いた同じタイトルの本である。

　私は，家の近くの区立図書館で，この本に出合った。たくさんある本の中から，なぜだかこの題名が気になって手に取った。題名はぼんやりと知っていたが，読んだことのなかった本である。数ページ読み進めてみて，劇にしてみたいと思った。

　劇の発表が終わった日の放課後，社会科の先生が「先生のクラスの劇，よかったね」と声をかけてくださった。嬉しい言葉である。そして，この言葉に続けて，「あの本は，最初は『教育研究』に連載されていたんだよね」とおっしゃった。私は驚いた。そのことを，私は知らなかったからである。

　『教育研究』とは，本校が発行している本のこと。日本で最も長く読まれている教育雑誌ではあるが，その長い歴史の中に，自分のクラスが演じた劇のもとがあったとは……。

　その日，家に帰ってから，『教育研究』のバックナンバーを繙いてみると，確かにあった。題名は『宿題ひきうけ株式会社』ではなく，『進め！ぼくらの海ぞく旗』となっている。昭和39年1月号から昭和40年2月号まで連載されたものだ。昭和39年というと，前回の東京オリンピックが開催された年であり，私が生まれた年でもある。

　『教育研究』誌の中に，児童向けの小説が掲載されていたことも新鮮な驚きであった。この連載に一部手が加えられ，題名も改められて，単行本化されたようだ。後に，日本児童文学者協会賞を受賞し，テレビドラマ化もされている。

　創立記念日という節目の日に，私は，本校の歴史の1ページに触れられたような気がしたのである。

『教育研究』昭和39年1月号より

劇「宿題ひきうけ株式会社」脚本：夏坂哲志
　　　　　　　　　　　　　原作：古田足日

【登場人物：配役】
[会社の社員]
村山タケシ（社長）：佑亮・珠希・桃香
村山フミオ（タケシの弟、3年生）：康太郎
丘ミツエ（セールスマン）：悠理奈・万紘・神田華・杏美
大野サブロー（ニュースを集めるのが得意）：圭心・禎悠
ヨシヒロ（社会科が得意）：玲音・音衣樹・桃音
アキコ（成績の良い子、家は貧しい）：瑠璃・朋香・夏華
ハルコ：芦田華・咲空・真悠子

シバタさんたち3人（先に図書室へ）：良晟・野田遼太・周
図書室の先生：礼
石川先生：律輝

ヒデオ君：武藤遼太
モリカワヨシコ（八百屋、断る）：美桜
モリカワさんのお父さん：具志
八百屋のお客：将太

ヨシヒロの母親：美愛子

トオル君（けんかの相手）：善康
スズキ君（議長）：智之
ミドリさん（学級委員）：まいる
ミツムラ君：翼
ヨシダ：芽衣
クラスメイト：太聖・塁生・夏光

ナレーター：丈汰郎・百合子・真子
照明・幕の上げ下ろし・効果音：丈汰郎

【場面1】

　　幕が下りた状態で。
　　キンコンカンコーン（授業終わりのチャイム）。

シバタ　（声だけ）　早く図書室に行こう
シバタの友達A　どうして，そんなに急ぐの？
シバタ　だって，早くしないと，誰かに本を先にとられちゃうかもしれないよ
シバタの友達B　そうか。この前は，だいぶ待ったもんなあ
シバタの友達A　さすが，シバタくん！　今度はぼくたちが一番先に本を借りられそうだね
シバタ　そういうこと！　急ごう

　　幕が開く。
　　シバタたち3人は机に集まり，調べ物をしている。
　　タケシが息を止めて，真っ赤な顔をしている。
　　その横で，ヨシヒロとアキコが時間を計っている。

アキコ・ヨシヒロ　48，49，50，51，52，53，54……
タケシ　くるし〜い。もう無理だ
アキコ　55秒だったわよ
ヨシヒロ　せめて1分はとめていられないとねえ。次は，ぼくが挑戦してみるから見ててね

　　そこに，図書の先生現れる。

図書の先生　君たち，そこで何をしてるんだい？
タケシ　忍者の修行です。どれだけ長い時間，息を止めていられるかを計っているところです
ヨシヒロ　忍者になるための第一歩ですから
図書の先生　ほほう〜，君達は将来，忍者になるつもりなのかい？　でも，今の時代，忍者を雇ってくれるところがあるかなあ？
アキコ　この2人は，忍者はかっこいいし，勉強しなくてよいと，本気で思っているらしいんです
図書の先生　そんなことないよー。忍者は頭がよくなけれ

ばならないからねえ

タケシ・ヨシヒロ　そっか〜

ハルコ　本当は，本を待っているんです。社会の宿題が出たので……

タケシ　先生が，図書室の少年年鑑を見れば載っていると思うよ，とおっしゃっていたので借りに来たんだけれど，シバタ君達に先をこされちゃって

ヨシヒロ　だから，待っている間，時間つぶしをしていたんです

図書の先生　そうだねえ。（シバタ達の方に目を向けながら）シバタくん達，まだ時間かかりそうだよ

シバタ　ごめんね〜，１冊しかないからねえ

シバタの友達A　ぼくたち，これからサッカーの試合があるから急いでるんだ

シバタの友達B　すぐに終わらせるから，もうちょっと待ってね

タケシ　どうする？　まだまだかかりそうだよ

ヨシヒロ　あきらめようか

ハルコ　しょうがないね

　　　幕が一旦下りる。

【場面２】

　　　幕の前に，タケシ・ヨシヒロ・ハルコの３人が歩いて登場。

ハルコ　調べる本が足りなくて困っているのは，きっと私達だけじゃないよね

タケシ　先生も，もう少し調べやすい宿題を出してくれたらいいのに。他の人たちは，どうしているのかなあ？

　　　そこへ，サブローが走ってやってくる。

サブロー　大ニュース，大ニュース！　みんな知ってる？

ヨシヒロ　何を？

サブロー　テルちゃんのことだよ

ハルコ　テルちゃんって，私のお兄ちゃんと同じ高校に通っている，あのテルちゃん？

タケシ　知ってるよ。かっこいいよなあ。甲子園でホームランかっとばしたんだもんなあ

サブロー　そう。そのテルちゃんが，プロ野球に入るらしいんだ

ヨシヒロ　驚くことじゃないよ。ピッチャーで，球も速いんだから

サブロー　そ，それで，ぼくが驚いているのは，契約金だよ。いくらだと思う？

タケシ　1000万円ぐらいかなあ？

ヨシヒロ　もっとだよ。3000万円ぐらいじゃないの？

サブロー　そんなもんじゃないよ。驚くなよ。１億だよ。１億。びっくりしたなあ

タケシ　野球だけしていて，そんなにもらえるの？

ヨシヒロ　うらやましいなあ

ハルコ　あなたたち，「テルちゃんは，勉強をしないで野球ばかりしているだけで，お金がたくさんもらえていいなあ」なんて思っているでしょ。そんなこと無いのよ。プロで続けるには，並大抵の努力ではやっていけないんだから

タケシ　知ってるよ〜。でも……。勉強したくな〜い！よねえ

ヨシヒロ　お金もほし〜い！　よねえ

ハルコ　困った人たちねえ

タケシ　そうだ！　いいこと思いついた

ヨシヒロ　突然，どうしたんだ？

タケシ　きっと，他の人たちも，「宿題をやらずにすんだらいいなあ」と思っていると思うんだ

ヨシヒロ・ハルコ　　うん

タケシ　そして，僕たちはお金が必要だ

ヨシヒロ・ハルコ　うん，うん

タケシ　だから……，ちょっと耳を貸して

　　　３人は顔を寄せ合って，話し合いを始める。話し合いをしながら，上手に下がる。

【場面３】

　　　幕が上がる。
　　　舞台の上には，ヨシヒロ・タケシ・アキコ・フミオ・ミツエ・サブロー・ハルコ。

サブロー　しっかし，タケシはとんでもないことを考えたもんだね

ミツエ　そうそう。みんなの宿題を引き受けようなんて

ヨシヒロ　宿題をやってあげて，その報酬としてお金をいただこうというんだからね

ハルコ　はじめて聞いたときは，びっくりしちゃった

フミオ　さすが，おにいちゃん。あったま，いい〜！

ヨシヒロ　ぼくは，お金を貯めて，○○○を買うんだ！

タケシ　（タケシ，得意顔になる）どうだ。いい考えだろう

サブロー　でも，ぼくは，勉強はまるっきりだめ。だから，優秀なアキコちゃんとミツエちゃんにも声をかけたんだ

アキコ　まだ，よくわかってないんだけど……

ミツエ　サブロー君が一生懸命にたのむから……

タケシ　あ，弟のフミオにも声をかけたんだ。（フミオを紹介しながら）フミオはまだ３年生だけど，１年生や２年生の宿題ならできるだろう，と思っている

サブロー　え？　他の学年もやるの？

タケシ　もちろんさ。たくさんやって，たくさんもうけ

——夏坂哲志のクラスづくり

なきゃ。

そうだ！　会社にしよう。「宿題ひきうけ株式会社」　どうだ？

サブロー　そんな，うまくいくかなあ？

ヨシヒロ　10円ぐらいだったら，ぼくは宿題たのんじゃうかなあ

ハルコ　それよりも……，先生に知られたら，どうするの？

ミツエ　そう。先生が知ったら，きっと怒るよう

サブロー　石川先生，怒るとこわいからなあ

タケシ　いやなら，仲間に入らなくてもいいよ

サブロー　いや，そういうわけじゃ……

ヨシヒロ　アキコちゃんとミツエちゃんは？

ミツエ　そうね。吉岡さんやヒロシ君は，宿題だってなんだって，家庭教師に教わってるじゃない。私達は，10円で家庭教師をやっていると思えばいいのよ

サブロー　10円の家庭教師かあ。それは大変お得な家庭教師だねえ

ヨシヒロ　みんなも助かるというわけだ

アキコ　それなら，私もやってみるわ

タケシ　クラスで一番優秀なアキコちゃんが加わってくれるなら，ぼくも安心だ

フミオ　お兄ちゃんじゃあ，間違った答えを書くかもしれないなあ。それじゃ，逆にお金を払ってあやまらなきゃならなくなる

　　　タケシ，フミオをにらみつける。

サブロー　まあまあ，兄弟げんかはやめにして。それよりも，善は急げ，だ。すぐに実行に移そう

全員　おー！

　　　下手に下がる。
　　　暗転。

【場面4】

　アキコとハルコが下手から登場。上手に向かって声を

かける。

アキコ・ハルコ　ヒデくーん。（耳をすませて。もう一度）ヒデくーん

ヒデオ　おう，アキコちゃんとハルコちゃん。なんだい？遊びに行くなら，行かないよ。ぼくは今，いそがしいんだ

アキコ　忙しいって……，宿題でもやっているの？

ヒデオ　そうか。そう言えば，宿題あったね。宿題は……夜やるんだ。今は，レゴブロックで戦艦を作っているところなんだ

ハルコ　へえ～。でも，今日の夜は，たしかサッカーの日本代表の試合がテレビであるはずよ

アキコ　サッカーが好きなヒデオ君なら，それも見たいんじゃない？

ヒデオ　うん……

アキコ　宿題かわりにやってあげようか

ヒデオ　本当か？　すごい！　たのむよ

ハルコ　今日の宿題の量だと20円ですね

ヒデオ　なあんだ。お金がいるのかあ

ハルコ　「労働にはお金を払うのが当たり前さ」と，社長のタケシ君が言うからねえ

ヒデオ　社長？　あのタケシが？　頭のいい君たちが，タケシの会社の社員なの？

ハルコ　いいから，いいから。とにかく，ヒデオ君がレゴブロックをしたり，テレビを見たりしている間に，宿題を完璧に仕上げておくから

アキコ　私たちを信用してほしいなあ

ヒデオ　信用するけど……。でも，20円は高いなあ

アキコ　宿題をやっていかないで，先生に怒られるよりはいいと思うけどなあ

ハルコ　じゃあ，今日は特別に半額の10円でどう？

ヒデオ　わかったよ。じゃあ，今，お金を持ってくるから待ってて

　ヒデオは上手に一度下がり，お金を取って戻ってくる。

ヒデオ　はい，10円。しっかり頼むよ

アキコ・ハルコ　毎度ありがとうございます！（と言って，下手にさがっていく）

ヒデオ（それを見送りつつ）　あ，レゴブロックの続きをやらなきゃ。ああ，忙しい，忙しい。宿題なんかやってられないよ（と言いながら，上手に下がる）

【場面5】

ナレーター　同じ頃，ミツエさんは，ヨシコさんの家に行っていました。ヨシコさんのうちは，八百善という八百屋でした。

ヨシコ　はい，大根とニンジンで245円ね。5円のおつりです。まいど，ありがとうございます

お客さん　ヨシコちゃんはえらいわね。家のお手伝いして。うちの子にも見習って欲しいわ

ヨシコ父　家ん中いても，ゴロゴロしているだけだし。もう少し，勉強してくれればいいんだけどね

ヨシコ　大丈夫。お勘定するのは，計算練習にもなるから

ヨシコ父　悪いなあ。あと1時間ぐらい，たのむな

ヨシコ　はーい（と言いながら，奥の方に荷物を運ぶ）

ミツエ　こんにちは

ヨシコ父　えーっと，ヨシコの友達かい？

ミツエ　はい，ミツエと言います。ちょっとヨシコちゃんに用事があって来たんだけど，いますか？

ヨシコ父　うん。えーっと，さっきまでここにいたんだけど。ヨシコー，ヨシコー。友達だぞー

ヨシコ　（裏から出てきて）はーい。あ，ミツエちゃん，どうしたの？

ミツエ　うん，ちょっと……（手招きする）
二人で，父から離れたところに行く。

ミツエ　ヨシコちゃん。20円出せば，宿題やってあげるよ。どう？　たのまない？

ヨシコ　いやよ。先生にわかったら大変だもの。それに，そんな悪いことはしたくない

ミツエ　悪いこと？　どうして悪いことなの？

ヨシコ　みっちゃんは，悪いとは思わないの？　じゃあ，先生に聞いてみようよ

ミツエ　そりゃ，先生は悪いと言うに決まってるよ。だけど，先生の言うことが何もかも正しいというわけじゃないでしょ。あなたは，何でも先生が言うとおりにするの？

ヨシコ　じゃ，だれが正しいかどうかってことを決めるの？

ミツエ　（一瞬とまどって）自分……そう自分だよ

ヨシコ　それは，私もおんなじだよ。先生が言うからじゃない。勉強は自分のためにやるもので，先生のためにや

っているわけではないよね。それを，人に頼むというのは，自分が嫌なんだ

ミツエ　でも，ヨシコちゃんは家の手伝いが忙しくて，宿題をやる時間が足りないんじゃないの？

ヨシコ　まあ，そうだけど。でも，なんとかやってるよ。もし，全部終われなかったときには，先生に正直に言うようにしている。それで叱られても，その方がいい。自分で決めたことだから

ミツエ　わかった。そんなに言うなら，もういいよ。私が悪かった。ごめん

ヨシコ　うん，じゃあ，また明日ね（「いらっしゃいませー」と言いながら店に戻る）

ミツエ　うん……，さよなら……。喜んでもらえると思ったんだけどなあ……。

ミツエ，とぼとぼ帰る。

【場面6】

ナレーター　ここは，ヨシヒロ君の家。社会科が得意なヨシヒロ君を中心に集まって，地図帳や少年年鑑を見ながら，宿題の答えを調べています

ハルコ　宿題は，日本が石油を輸入している国を調べて，多い順に5つ書いてくるということだったね

ヨシヒロ　お父さんの本棚から，答えが載ってそうな本を持ってきてみたよ

アキコ　データがすぐに見つかるといいわね

ヨシヒロ　お金をもらって宿題をやるからには，いい加減な答えを書いたんじゃ，信用をなくすからね

ミツエ　そうそう。信用第一！

ハルコ　あ，これじゃない？　サウジアラビア，アラブ首長国連邦……。どの辺りにあるのかな。

アキコ　地図帳で見ると，同じ地域に集まっているわね

フミオ　カタールとかクウェートとか，ぼくは，聞いたことのないよ

ヨシヒロ　ぼくも初めてだ。小さい国だねえ

ミツエ　それに比べて，ロシアやアメリカは大きいねえ

フミオ　グリーンランドというところも大きいよ

ヨシヒロ母　みなさん，いらっしゃい。熱心にお勉強しているわね

フミオ　ヨシヒロ君のお母さんは，グリーンランドって知ってる？　アメリカよりも大きいんだよ

ヨシヒロ母　フミオ君は3年生なのに，グリーンランドを知ってるんだ。すごいね。でもね。そこはね，小さい氷の島よ。大きさも本当は南アメリカの3分の1もないと思うよ

ヨシヒロ　でもね。地図帳を見ると，こんなに大きいよ

ヨシヒロ母　地球って，本当はボールの形をしているでし

ょ。だから，北極や南極に近いほど小さいんだけど，それを，地図では，赤道の近くも北や南の方も同じ大きさで表そうとするから，グリーンランドが大きくなっちゃうのよ。地球儀を見るとよくわかるかもしれないわね

ヨシヒロ・フミオ　ふ～ん

アキコ　じゃあ，明日，学校に行ったら，石川先生に頼んで社会科教室の地球儀を見せてもらおう

ミツエ　なんか，ワクワクしてきたね

フミオ　お勉強って楽しい！

みんな，「そうね」などと言いながら笑う。

【場面7】

ナレーター　そして，次の日。ヨシヒロ君は，学校に着くとすぐに担任の石川先生のところに行きました

ヨシヒロ　（先生のところに走り寄る）せんせーい，おはようございまーす。あれ，あれを見せてください

石川先生　おはよう，ヨシヒロ君。「あれ」って何のこと？

ヨシヒロ　「あれ」でわかんないかなあ。あの～，丸いやつで，グリーンランド，グリーンランド。早く，早く～

周りのクラスメイトも集まってくる。

石川先生　丸いやつ？　グリーンランド？

アキコ　ヨシヒロ君，その説明じゃ，先生わからないわよ。先生，「地球儀」です。地球儀を貸していただけませんか

石川先生　なあんだ。地球儀か。いいよ。確か，社会科教室に行けばあるはずだ。地球儀で，何を調べたいのかな？

ミツエ　グリーンランドです。どのぐらいの大きさかなあ，と思って？

児童A　グリーンランド？　緑色の島？　何それ？

児童B　あ，地図帳で見たことある。確か，アメリカの上の方にあるよね

児童C　上じゃなくて，北だけどね

児童D　僕（私）も知ってる。ものすごく大きな島だよね

ヨシヒロ　そう。地図帳を見ると，でっかい島として載っている。ところが，本当は小さいんだって

ハルコ　地球儀だと，それがわかるって，ヨシヒロ君のお母さんが昨日言ってたの

児童E　へえ。それは，僕も見てみたい

児童F　私も

アキコ　じゃあ，みんなで社会科教室に行ってみましょう

みんな　そうしよう（などと言いながらいなくなる）

石川先生　おーい。仲良く見るんだぞー。もういなくなった。やれやれ……（と言いながら，職員室に戻る）

【場面8】

**幕の後ろから「ガシャーン」という音。
言い合う声。**

児童G　ああ，地球儀がこわれた～

児童H　べんしょうだ。べんしょうだ

トオル　知ーらない。ぼくじゃないよ。こわしたのはサブロー君とヨシヒロ君だよ

タケシ　知らない，知らないって何だい，トオル君

トオル　ぼくじゃないから，そういっただけだ。悪いのかい

タケシ　ああ，悪いとも。いやあな感じだなあ。サブロー君とヨシヒロ君が困っているのに，自分のことだけ言うことないじゃないか

トオル　そんなこと，ぼくの勝手だ

タケシ　勝手だって？　人の気持ちも考えろ

トオル　君の方こそ，ぼくの気持ちを考えろ（タケシを突き飛ばす）

タケシ　やったな（トオルを突き飛ばす）

とっくみあいのけんかが始まる。

スズキ君　やめてくれよ。二人ともやめてくれ

そこに，石川先生現れる。

石川先生　何があったんだ

児童Ｉ　あのう……，地球儀が壊れたんです

石川先生　こわれたって？　そりゃあ，困ったなあ。君たち，もっと物を大切にしないといけないぞ。（みんなを見回して）それだけか。他にも何かあったろう。スズキ，言ってみろ

スズキ　タケシ君とトオル君がけんかしました

石川先生　もう君たち，ひと月もすれば６年だぞ。すぐ物をこわしたり，けんかしたり，そんなことで最上級生になれるのか。これから，急きょ，学級会を開くことにします。どうすればよかったか。これから，どうすればよいか。みんなで考えることにしよう。では，みんな自分の席に座りなさい

みんな，席に着く。
議長のスズキ君，学級委員のみどりさんが前に立って，学級会を始める。

ミドリ　話し合うことは２つあります。１つめは，地球儀をこわしたことについて。２つめは，けんかをしたことについて，です

スズキ　まず，地球儀について。感想がある人は言ってください

児童Ｊ　はい。取り合わないように順番に見るようにすれば善かったと思います

児童Ｋ　先生の言われたように，物を大切にしなければいけないと思います

スズキ　サブロー君とヨシヒロ君はどう思いますか

サブロー　めいわくをかけてすみません。これから気をつけます。でも……，本当のことを言うと……，ぼく，少しでも早く見たかったんです。順番を待っていたら日が暮れちゃう。

みんな，どっと笑う。

石川先生　（顔色を変えずに）それでは，少しも反省してないじゃないか

ヨシヒロ　地球儀がいっぱいありゃ，よかったんだよ。40人にたった１つじゃたりないんだよ

「そうだよな」などの声で，ざわざわする。

アキコ　はい，議長。校長先生のところに行けばいいと思います。サブロー君たちも悪かったけど，これからこんなことが起こらないように，地球儀をたくさん買って下

さいと頼みにいったら……。

児童Ｌ　それじゃ，学校中が地球儀でうずまってしまうよ

児童Ｍ　学校にはそんなにお金がないんじゃない？

笑い声や，ざわざわする声。

ハルコ　やっぱり，校長先生のところに行ったらいいと思うわ。あやまりに行くのよ。ほうっておいたら，石川先生まで校長先生にしかられるわ

石川先生は，頭をかいている。

ミツエ　私達が謝れば，校長先生はそれほど石川先生に起こらないと思うわ。だから，謝りに行くの。そのときにね，ついでにね，地球儀の数が足りないと思いましたって言うといいと思います

４，５人が拍手。

スズキ　賛成の人は手を挙げて下さい。はい，多数決で校長先生のところに行くことに決まりました。次の議題に移ります

ミドリ　けんかのことについて話し合います。みなさんは，どう思いますか

タケシ　みんなのせいで地球儀が壊れたのに，トオル君は自分は関係ないというような言い方をしたので無責任だと思います

ミドリ　トオル君は，今の発言を聞いてどう思いますか

トオル　でも，こわしたのは絶対に僕ではありません。みんなが悪いからと言って，みんなが弁償するのはおかしいと思います

児童Ｏ　誰も弁償の話なんかしていないよな

トオル　僕は，君たちのように悪いことをしてお金をもうけているわけじゃないからね。自分がこわしもしないのに，弁償するなんていったら，お母さんに叱られる

石川先生　弁償のことはいい。タケシ君の言うように，地球儀をこわしたのは，先生も入れてこの組全体の責任かもしれないな。だけど，「悪いことをしてお金をもうけている」というのは，どういうことなんだ？

ミツムラ　この組には，口では立派なことを言っても，人の宿題をやってお金をもらっている人がいます。これでは，正直にやっているものが損をします

タケシ　それは，僕です

先生は，つかつかと歩いてタケシのそばに来る。

石川先生　タケシ。君は……。

タケシ　ぼくが，その会社の社長です。

児童Ｐ　社長だってよ（笑う）

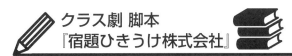
タケシ　でも，仲間の名前は言いません。僕が誘ったからです

ミツエ　私もその一人です。でも……，10円か20円で家庭教師をやっているつもりだったの

ミツムラ　子どもは，そんなことやっちゃいけないと思います

ヨシダ　みっちゃんの言うとおりです。タケシ君達は，私の弟や，同じアパートの子ども達に宿題を教えてくれたんです。おかげで，みんな助かったんです。私の分もやってもらったけどね

石川先生　やってもらったら，君自身が困ることになるんじゃないのか

ヨシダ　はーい

キンコンカンコーン。

石川先生　チャイムが鳴ったので，学級会はここまでにします。タケシ君とミツエさんは残りなさい。

暗転。
タケシとミツエは，石川先生から話を受けている。

【場面9】

ナレーター　タケシとミツエは，石川先生から，宿題ひきうけ会社のことをいろいろと聞かれました。両親には連絡しないと言われて少しほっとしたのですが，会社は解散するように，と強く言われました

フミオ以外の社員（タケシ・サブロー・ヨシヒロ・ミツエ・アキコ・
ハルコの6人）が車座になって座り，うなだれている。

タケシ　昨日，考えたんだ
ミツエ　宿題ひきうけ株式会社のこと？
タケシ　会社のこともだけど，宿題についても

アキコ　宿題のこと？
タケシ　うん。どうして宿題があるのか……
ヨシヒロ　ぼくは，あんなに真剣に調べたり考えたりしたのは初めてだったなあ。そしたらね。とっても面白かったんだよ。新しいことを知るとワクワクするし，次に知りたいことが生まれてくる。グリーンランドの時のように
サブロー　地球儀こわしちゃったけどな（笑う）
タケシ　結局は，ぼくらの会社は，人の役に立っていなかったってことなのかな
ミツエ　やっぱり，勉強って，自分のためにやるものなのね。ヨシコちゃんも同じようなこと言ってた。ヨシコちゃんには，「自分で決める」ことが大事だってことも気づかされたな。最初は，変な子，と思ったけど，私よりずっと強い心を持っている
ハルコ　ごめんなさい。この話を最初に聞いたときに，「それはやめた方がいいなあ」と思ったのに言えなかった。あの時，止めてたら……。ごめん
アキコ　私だって，なんとなくみんなの話に乗っちゃって，断れなかったから……。今度は，「やめよう」って言えるように頑張るね
サブロー　でも，「校長先生のところに行けばいいと思います」って言った時のアキコちゃんはかっこよかった，とぼくは思うよ
タケシ　みんなありがとう。みんなすごいよ。今回は失敗に終わったけど，みんなと一緒に何かを一生懸命やることは楽しいってことに気づくことができた。よーし。次は，どんな会社を始めようかなあ
ヨシヒロ　え〜？　また会社をつくるの？
タケシ　そう。今度は，クラスみんなで作りたい。いろんなキャラがいるから，きっと楽しいぞ。なあ，みんな！
全員　おー‼（と言いながら，全員ステージへ）

歌「友よ〜この先もずっと…」，エンディング。

他教科での夏坂学級
国語科

〈読み方〉と〈思考〉の系統的指導がカギ

筑波大附属小学校　青山　由紀

❶　国語科における「見方・考え方」

国語科の「見方・考え方」は，捉え難い。それは，言語活動や言語作品をも含む「言葉そのもの」が教科独自の見方・考え方の対象であり，手段でもあるからである。(『学習指導要領解説国語編』p.12参照)

さらに，「言葉による見方・考え方を働かせる」ことは，「……言葉で表される話や文章を，意味や働き，使い方などの言葉の様々な側面から総合的に思考・判断し，理解したり表現したりすること，また，その理解や表現について，改めて言葉に着目して吟味することを示したものと言える」(同書 p.154)と，見方・考え方より，言葉の運用面を重視していることも捉え難くしている要因である。

本稿では，【読むこと】領域における「見方・考え方」に絞って述べる。私は【読むこと】の「見方・考え方を働かせる」とは，「言葉を根拠に論理的思考を働かせ，作品を解釈し，それを表現すること」と捉える。

以下，６年生の姿を例に考える。

❷　6年生・説明文の実践より

下は，説明文「『鳥獣戯画』を読む」(光村図書六年)を自力で読み，それをまとめた６年生９月のノートである。

この実践では，終末の鑑賞文を書く活動に向けて，書かれている内容(事実と筆者の意見，論の展開，資料の使い方)や鑑賞文の書き方，絵画を鑑賞する観点を読み取るように単元を構想した。

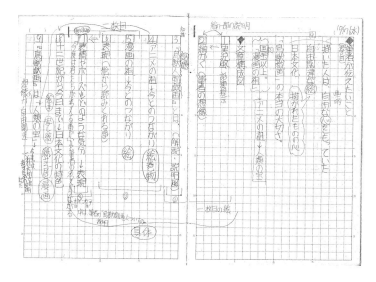

筆者が，「鳥獣戯画」を「漫画の祖」「アニメの祖」「人類の宝」と言い換えていくことに着目させ，まず一人読みで文章構成や筆者の主張を捉えさせる。その後，自らの読みをもとにグループで交流し，グループで考えを一つにまとめ，画用紙に書いて発表させた。

グループで考えを集約するには，論理的に文章を読み，筋道立てて考え，根拠を明確に説明したり，質問し合ったりして，考えの共通点や相違点を整理したりする必然を伴う。このように，個の解釈を交流する中で考えが揺らぎ，再びテキストに立ち戻って考え直すことを繰り返すことで，言葉による見方・考え方が鍛えられる。

グループ同士が全体交流する中で，子ども達は筆者が「鳥獣戯画」を「人類の宝」とまで評したのには，時代的な価値，絵そのもの

の魅力，日本文化としての価値，描いた人の自由な心，守り続けてきた祖先など複数の要素があると読み深めていった。

このような授業が成立するには，三つの素地が不可欠である。

①一人読みの力を各自が身に付けていること
②理由と意見の関係を意識しながら，全員参加のグループでの話し合いができること
③自分になかった観点の意見にも耳を傾けた上で，考えを再構築することができること

③に関して本授業では，「絵巻物を二枚の絵に分けて示した意図」について，要旨をふまえながら自分の考えを書かせ，全員書き上げることができた。

❸　6年生までに培うべき要素

先の6年生の姿を支えているのは，〈読み方〉と〈思考〉，両者の系統的な指導である。

そのために，4年生から段落構成図を使って内容を説明させたり，結論と事例との関係や筆者の主張を読み取らせたりといった〈読み方〉の指導を教科の特性を見極めて行う。また，〈読み方〉とあわせて，比較，因果関連，推測，具体と抽象といった思考力を鍛えることを意識して授業をつくることが肝要である。

なぜ日本は戦後が73年も続いたのか？

筑波大学附属小学校　由井薗　健

他教科での夏坂学級
社会科

　2018年8月15日の終戦記念日，日本は「戦後73年」をむかえた。ということは，この原稿を書いている2019年の2月23日現在，日本は第二次世界大戦後の73年間，一度も戦争をしていないということである。しかし，世界にある195カ国中，日本のような「戦後」のある国はいったいいくつあるのだろうか。

　第二次世界大戦では，60カ国が戦争に参加し，中立国はわずか5カ国，文字通り「世界大戦」であった。

　広瀬隆著『クラウゼヴィッツの暗号文』（新潮社，1984）に掲載された戦後の戦争地図によれば，世界大戦後もこの地球上で300回以上の戦争が起こっている。そして，ついに現在に至るまで，地球は一日も休みなく戦争を続けてきたのである。

　日本では「今年は戦後○○年」という言い方を当たり前のようにする。しかし，そのように言える国は，実は世界でたった6カ国しかない。信じられない事実である。

　日本国憲法の前文と第9条の重みについて考えさせたい。そして，中学，高校へ進学しても，「みんなが幸せになる」ために「どうすればよいのか」ねばり強く「問い続けていく」ような人間になってほしい。

　そこで，卒業を間近にした4部6年の子ど

もたちに『戦後73年』を実践した（本実践は，佐久間勝彦氏が教材発掘し，有田和正氏が授業を積み重ねたものを参考に，パワーポイントによる資料提示の工夫を加え，アレンジしたものである）。この授業では，これまで培ってきた「見方・考え方」（社会的事象を「位置や空間的な広がり」「時期や時間の経過」「事象や人々の相互関係」に着目して捉え，比較・分類したり総合したり，国民の生活と関連付けたりする）を総動員して，『なぜ日本は戦後が73年も続いたのか？』という学習問題を本当の意味で成立させることをめざした。

　『今は戦後73年ですね。戦後73年とはどういうことでしょう』と問いかけると，「アジア・太平洋戦争から後のこと」「第二次世界大戦が終わってから73年経ったこと」「73年間戦争をしていないということ」などの声がかえってきた。

　『第二次世界大戦に参加した国は，何カ国くらいあったでしょうか』と発問した後，資料としてスウェーデン，アイルランド，スイス，スペイン，ポルトガルの5カ国に緑色で着色した世界地図を黒板に提示し，『これが第二次世界大戦に参加しなかった中立国。ちなみに残りの参戦国は60カ国だった』ことを

伝える。すると，子どもたちは，地図帳でその国を確認しながら，「本当に世界大戦だね」「中立国はヨーロッパが多い」「アフリカやインド，南アメリカやオーストラリアは植民地だった」。そして，「こんなに世界中で戦争をしていたら，戦争のことが心底嫌いになる」「戦争はたくさんの人が死ぬだけでなく，人の心も変えてしまうもんね……」と感想をもらす。

『きっと世界中の人々は，そんな気持ちだったと思います。その後，戦争は起こらなかったのでしょうか』と切り返す。子どもたちは首を振り，教科書，資料集などから戦後に起こった戦争（朝鮮戦争，ベトナム戦争，イラン・イラク戦争，中東戦争……）を拾い上げる。

そこで，パワーポイントを使って，第二次世界大戦後の1945年から10年ごとにまとめた戦争地図を10年単位で順次提示する。

この授業の「山場」は戦後73年間，戦争をせずにきた6カ国，その中の日本をどのようにあぶりだすかにある。

前掲書『クラウゼヴィッツの暗号文』には，広瀬氏が作成した戦後の毎年の戦争地図が載っている。本来ならば，毎年分の白地図一枚を配布し，戦争した国を一つずつ塗りつぶし，真っ白のまま残った国を浮かび上がらせるという活動が妥当であろう。なぜなら，教師が知識を与えるのではなく，子ども自身で知識を獲得していってほしいからである。ただ，そのような活動をする時間を保障することは決して容易ではない。しかし，「戦後73年」

の授業のねらいを達成するためには大切な活動である。

そのようなときこそ，ICT機器の出番である。「繰り返し」「加工」といったICT機器が備えもつ特性を生かし，十年ごとにまとめた戦争地図のパワーポイントによる資料提示は，子どもたちに「事実とのインパクトのある出会い」を演出することができる。

戦争や内乱が起こった国は着色され，その国はそれ以後の十年も着色されたままである。子どもたちは，提示を重ねる毎に，世界地図がどんどん赤くなっていくことに驚いていく。そして祈るような気持ちで日本を見つめる。

2018年まできたとき，真っ赤にそまった世界地図に，ほんのわずかであるが白く残ったままの国が6カ国。フィンランド，スウェーデン，アイスランド，スイス，ブータン，そして日本である。

『なぜ日本は戦後が73年間も続いたのか？』。「空襲や原爆などで戦争は悲惨なものだと本当にわかったから」「博物館や資料館で戦争の悲惨さを伝え続けているから」「きっと日本国憲法の前文や第9条のおかげだと思う」……。

「問い続ける」べき学習問題が成立した。

他教科での夏坂学級

理科

児童の思考に寄り添った問題解決こそ

筑波大学附属小学校　辻　健

❶ 問題解決に真剣に取り組む姿

写真１：光電池を使用した実験の様子

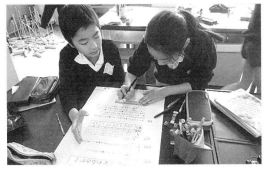

写真２：問題解決の課程をレポートに表現

写真は夏坂学級の子どもたちが，４年生３月のときのものである。２人１組となって，光電池を使った問題解決に取り組んでいる。

児童は，光電池の仕組みについて学んだあと，２人で見いだした問題を解決しようと実験を繰り返す。お互いの疑問をもとに，取り組む問題は，二人で考えたもの。取り組んだ問題は，どの問題もバラエティーに富むものであった。

・光電池を包むセロファンの色によって電流はどのように変わるのか。

・光電池を向ける方角によって光電池から流れる電流はどう違うのか。

・光電池を隠す面積とプロペラの回り方はどのように関係しているのか。

・光を集める鏡の枚数を変えるとプロペラの回る速さはどう変わるのか。

上に示したものが，児童が取り組んだ問題の一部である。問題の内容もさることながら，「○○を変化させることによって，△△はどのように変わるのか」という構文の問題が多いのに驚かされた。

右に示した物が二人組で作成したレポート。レポートを学級全体で見合って，お互いの実験結果や考察について考え，自ら追実験する時間を最後にとった。

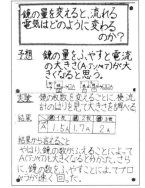

その為，どのような実験であったのかを図で説明したり，実験結果も見やすいように表にしたりと，読み手を意識したまとめを行うことができている。

❷　理科の見方・考え方を働かせる

　新学習指導要領によると，エネルギー領域である「電気の働き」（４年）で主に働かせる理科の見方は「量的・関係的な見方」となる。

　簡単に言うと，１つの量が変われば，もう一方の量も伴って変わるという見方である。本児童は，そのようなことが文部科学省から出される前から既に，「量的・関係的な見方」を働かせ，自律的に問題解決を行っていた。

　前頁に示した児童の取り組んだ問題を見ても，光電池が太陽の光を浴びて電気を起こし，モーターを回すという現象を量的・関係的な見方を働かせ，捉えているのがよくわかる。

❸　問題解決の過程を丁寧に振り返る

　この実践において，授業者が行ったのは光電池とモーター，導線を渡し，日光が光電池に当たることでモーター回ることを確認しただけである。その後，児童から「当てる光を強くしたい」「光電池の向きを変えてみたい」などの要望が出たが，すぐに取り組ませることをしなかった。やってみたいのであれば，問題や予想の立案，実験の計画を丁寧に行うようにと伝えた。児童は，毎回の授業で，一年間，繰り返し行ってきた問題解決の過程を丁寧に振り返り，問題や予想を立案し，考察，振り返りを行っていた。

❹　資質・能力が育った姿として

　NHK Eテレの番組『ふしぎエンドレス』[1]６年生の第１回，第２回に４部６年の児童が出演。2020年より完全実施される学習指導要領の具現化された姿として，撮影は行われた。番組の都合上，全員の考えを放送することは

出来なかったが，どの児童も「質的・実体的な見方」という理科の見方，「多面的に考える」という理科の考え方を働かせ自分の考えを表現していた。特筆すべきは，この単元で主に働かせる見方・考え方だけでなく，様々な見方・考え方を働かせた表現の数々であった。

写真３：番組[1]内で発言する児童

　番組内では，気体の割合と燃え方の変化に言及し「量的・関係的な見方」を働かせる姿も紹介された。一つの実験から，何が明確になり，何が不明確なのかを言葉で表現する姿は，６年生で育成する思考力「より妥当な，考えをつくりだし，表現すること」そのものであった。

❺　終わりに

　「見方・考え方を働かせ資質・能力を育成する」ことが新学習指導要領の目標となっているが，児童の思考に寄り添い，丁寧に問題解決を行うことが，何よりも大切だと学んだ３年間であった。児童に感謝したい。

［引用・参考］

1）NHK『ふしぎエンドレス』

www.nhk.or.jp/rika/endless 6 /

他教科での夏坂学級

音楽科

楽曲に対する見方・考え方を活用して,「相手や場にふさわしい」コンサートのプログラムを構成する授業

筑波大附属小学校　笠原　壮史

訪問コンサートの様子

○はじめに

今年度，私が担当する６年生（２クラス）は，老人ホームへの訪問コンサートを行った。プログラムの構成から会場設営，お客様の誘導，司会進行というように，企画・運営のほとんどすべてを子どもが中心となって進めた。

子どもは「コンサートを成功させる」という目的のもと，これまでの学習で培ってきたさまざまな知識・技能をそれぞれの役割に応じて活用した。そしてお客様が大いに喜んでくださり，「また来て欲しい」という言葉をいただけたことからも，コンサートは大成功であったと言えるだろう。

この一連の活動の中で，子どもが音楽科における見方・考え方を発揮した場面はいくつもあった。その中でもプログラムを構成する場面において顕著に表れていたと考えている。

❶　楽曲を多面的に捉える

音楽科における見方・考え方の一つとして，「楽曲を多面的に捉える」ということが挙げられる。例えば，ある長調の曲を聴いたときに「明るく爽やかな感じの曲」と捉えたとしよう。これは長調の性質や，その曲の速度などから感覚的にそう感じている。その後「歌詞の内容」について詳しく学習していくと，「実は悲しい内容であった」と新たな捉え方が加わる。さらにその曲が作られた時代背景の学習をすると，「こういう時代だったから，この歌詞の本当の意味は……」といったように，また新たな楽曲の捉え方が加わる。

このように，「調性から見ると」「歌詞の内容から見ると」「時代背景から見ると」など，「楽曲を多面的に見てみると面白い」という体験が，生活の中での音楽とのかかわり方を豊かにしていくことに繋がっていくのである。そのため通常の音楽科の学習，特に歌唱や鑑賞の学習では，「一つの楽曲を詳しく見ていく」ということが重要となる。

❷　プログラムを構成する活動

(1)曲目を決める活動

私から老人ホームでの訪問コンサートを提案された子どもたちは，すぐに「何を演奏するのですか？」とたずねてきた。そこで「み

んなのコンサートだからみんなにプログラムを決めてもらいたいのですが，どんな曲がいいと思いますか？」と選曲の権利を子どもに委ねた。

　まず子どもから出てきたのは，現在流行っている歌やドラマの主題歌などといった，自分が歌いたい曲である。しかし少し経つと，「それは老人ホームにはふさわしくないのではないか」という意見が出始めた。私が「どうしてふさわしくないのか」と問い返すと，「そういう曲だとお年寄りが知らないだろうし，楽しめないと思う」という答えが返ってきた。

　私はこれを「相手や場に応じた曲は何か」という，楽曲に対する新たな見方・考え方を見出した瞬間であると考えている。

　この新たな見方・考え方にもとづいて自分の知っている曲を見直している子どもから，既習の見方・考え方が活かされていることが分かる発言が出された。

「『ふるさと』だったらお年寄りも知っている曲だし，<u>自分のふるさとを思い出して聴くことができるから</u>」（作曲年代・歌詞の内容から）
「この曲は<u>オリンピックのテーマソングだったから</u>，みんな知っていると思う」（時代背景から）など

　　　　　　　※ ___ 部が既習の見方・考え方

---

(2)曲順を決める活動

　曲目が決まったら，次は曲順を決める活動である。その際には，「自分たちのコンサートをどのような雰囲気で始め，どこで盛り上げ，どのような雰囲気で終わらせるのか」という全体の流れを考える必要がある。すると，歌詞の内容や時代背景，作曲された年代などから楽曲を見ていた子どもが，今度は同じ曲を，調性や速度，リズムなどといった音楽の要素から見直すこととなる。このような姿は，「一つの曲を多面的に捉えている姿」と言えるだろう。

　このように，子どもは新たな楽曲の見方・考え方を見出すと同時に，既習の見方・考え方を活用して，老人ホームで開催するコンサートにふさわしいプログラムを構成した。これまでに多くの曲に出会い，それぞれを詳しく学習してきた6年生だからこそ「自分が演奏したい曲」に留まらず，曲目や曲順を吟味できたのである。

曲順を吟味している様子

○おわりに

　訪問コンサートの企画・運営という活動を通して，音楽に対する意欲の高まりや演奏技能の向上も見られた。ある子どもは，自分たちの演奏に感動してくださったお客様の様子を見て「音楽のもつ力を実感した」と語った。

　まさに，「音楽に対する見方・考え方が変容した」と言えるのではないだろうか。

他教科での夏坂学級

図画工作科

生活や社会と豊かにかかわる力を培う図工授業

筑波大学附属小学校　笠　雷太

❶　生活や社会と豊かにかかわる力

図工の目指すものは自分の人生を豊かに創造的に生きていくことの力を培うことであろう。そのためには，授業での学びが生活や社会とどのようにかかわっていくのかが，今後さらに大切になってくる。図工の授業づくりにおいて意識していく必要があるだろう。

❷　多様な経験が造形的な見方・考え方を培う

図工の授業を生活や社会と豊かにかかわる力へとつなげる上で大切になるのは「造形的な見方・考え方」である。造形的な見方・考え方とは形や色などに基づいて対象や身の回りを捉え，自分らしく思いやイメージを持って創造的に表したり見たりすることである。

この見方・考え方を子どもに培っていくためには，図工の授業において様々な造形表現及び鑑賞の「活動」をたくさん経験する必要がある。自分の手や身体全体使うこと，体感を伴うことが重要なのだ。自分の実感として捉えた形や色，材質感，思い浮かんだアイデアやイメージでなければ，それが授業を離れた生活や社会へとつながる造形的な見方・考え方は培えないと考えている。

例えば，A表現ア「造形遊びの活動をする」では，材料や場に対して体全体でかかわることから始まることが多い。そこから自分

らしく創造的に活動やイメージをきめていく。これはいわゆる作品としてまとまりを持ったものになることもあれば，そうならないこともある。子どもは身体や緒感覚を働かせ形や色，質感など造形的な見方で捉えながら，答えのないものを目指すという創造的な考え方を学ぶことになる。

❸　生活や社会の中の形や色，イメージに着目する実践を通して

しかし，生活や社会と豊かにかかわる力に繋がる造形的な見方・考え方を培うことを考えると，私たちの身の回りの形や色，イメージを直接対象とした学習もこれからは取り入れていくべきであろう。

◆実践事例1「つながりマイコレクション」

対　象　：6年生

時　数　：4時間

鑑賞の対象：身の回りの雑誌などのイメージ

材料等　：アートカード，身近な広告や雑誌などの印刷物，画用紙，のり

(1)アートカードで「つながり」遊びをする

アートカードとは，美術作品などが印刷された，はがき大のカードである。私はこのカードを用いた鑑賞遊び，見方遊びの活動を中学年から行っている。

本実践ではまず2枚のアートカードに描か

れているものの形や色，イメージの特徴の「共通点」を見つける活動を通して造形的な見方の視点を持つことをねらう。

20枚ほどのカードをすべて裏返して机上に並べ「神経衰弱」ゲームの要領で一人ずつ任意の2枚のカードを選び表に返す。そしてそこに描かれている美術作品などのイメージについて共通点を見つける。例えば，「曲線つながり！」「黒色つながり！」などグループの友達に言葉で発表し，納得させることができればカードを取ることができる。

〈写真1〉 共通点を見つけるぞ！

(2)自分の「視点」をきめる

次に，このゲームの中で見つけたいくつかの「つながりの視点」の中から，自分で一番気に入ったものを一つだけきめる。

(3)身の回りのイメージからつながりを視点にコレクションする

ここから鑑賞の対象を「生活の中のイメージ」へ広げていく。具体的には様々な「雑誌」の中の写真などである。雑誌はその名の通り雑多なジャンルの冊子である。これらは私たちの生活になくてはならないものであり，そのイメージを「形や色などのつながり」という造形的な見方の視点で捉え直すのである。

次の発問から始めた。

T：この雑誌の中から，自分の視点でつながりを見つけられるかな？

子どもたちは探検をするような勢いで，雑誌のイメージを探し始める。

〈写真2〉 自分のつながりの視点でイメージを探す

〈写真3〉「水面つながりコレクション」

〈写真3〉は，「水面つながり」というイメージの特徴を自分の視点としてコレクションした子どもの作品である。

❹ まとめ

低学年の多様な造形表現及び鑑賞の活動の体験を通して造形的な視点を培いながら，さらに高学年では，生活や社会の中の形や色，イメージと関連させるようカリキュラムの構成を意識していくことが大切であろう。

家庭科で目指すのは，楽しくて深い学び

他教科での夏坂学級
家庭科

筑波大学附属小学校　横山　みどり

実践的な態度の育成をねらっている家庭科では，生活事象を健康・快適・安全などと関連付けて総合的に捉えるだけでなく，自分の生活をよりよくするために工夫するという視点が大切である。これは家庭科における「見方・考え方」の特徴であり，授業づくりの柱となる内容でもある。

生活をよりよく工夫するとは，身に付けた知識や技能を生活の変化に合わせて更新していくことである。家庭科の授業では，学習したことを環境や条件を変えて考える場面を意図的に展開している。

実践題材①

第5学年「いためてナイスクッキング」

いためる調理について学習した子どもたちは「もやしいため」の師範や試食から，調理の手順や気を付けること，自分なりのめあてを計画できた。また，調理実習を通して火加減調節の難しさや，もやしをフライパンに入れた時に油がはねる感じを，実感をもって理解することができた。

もやしいための実習を振り返る中で「もっと材料をプラスしたかった」という声が子どもたちから挙がった。「材料の種類が増えても美味しく調理できる？」という教師のなげかけに「絶対できる」と自信の表情である。

「それなら次回，材料の種類を増やしてもう一度作ってみようか」ということになり，各グループで実習計画を立てた。基本的な材料と調味料は学校で準備し，他は各グループで工夫してよいことにした。

子どもたちは，材料の切り方，炒める油，炒める順序，味付け，盛り付けなどについて「もやしいため」の経験を活かして考えることができた。また個々が，美味しく調理するために必要なことを具体的なめあてにすることで，実習を振り返る視点がもてた。

実習後，材料や分量が変わっても美味しく調理する方法を友達と交流した子どもたちは，さらに自分の家族の好みやその日の体調によっても工夫が必要なことに気付くことができた。

実践題材②

第6学年「安全な活動について考えてみよう」

これまでの経験から，特に安全に配慮する必要がある用具や場面として子どもたちから挙げられたのは，「アイロン」「針・はさみ」「ミシン」「包丁」「フライパン」「ガスコンロ」「調理実習時の動き」「熱湯」等であった。

それらを分担し，調べたり試したりしたことを友達に伝えることにした。

「熱湯」グループは，やかんに入れた水を湯のみに注ぐ実験をすることで，お茶を入れる時等に気を付けることをまとめることができた。

発表後には，安全な扱い方だけでなく，環境や条件の変化に合わせた工夫を考えさせることをねらった実習を設定した。本題材では，調理実習とアイロンがけを行った。

アイロンがけの実習では，発表の内容だけでなくアイロンの「取り扱い説明書」を活用することができた。子どもたちは自分がアイロンをかける布の種類は何か，どんな順序でかけるとよいのか，などを考えることができた。また，アイロンをかけたばかりの布や，かけ面の近くはかなり熱いことを実感し，布をおさえる手の位置や片づけ方などを工夫して行動できていた。

実習後には，分かったことをどう生活に活かすかを話し合った。アイロンがけについてAくんは，「もし，アイロンをかけようとしている物の布の種類が判らなかったら，まずは，どんな布でも大丈夫な低い温度でアイロンをかけて，しわが伸びない所は，温度を少し上げる」という考えを発表し，多くの子から支持を得ていた。

具体的な生活場面をイメージして，学習したことの活かし方を考えられることが「家庭科の見方・考え方」を働かせている姿だと捉え，今後も授業展開を工夫したい。

他教科での夏坂学級

体育科

スモールステップ・お手伝いを習慣化する

筑波大学附属小学校　眞榮里　耕太

❶　プレイヤーとして

　体育科では，運動・スポーツの技能習熟に取り組む中で「する・みる・支える・知る」といったスポーツとのかかわり方について子どもたちが学ぶことになった。これまでの小学校の体育授業では「する」ことが中心であったので東京オリンピックを見据えた大きな変化である。このようなスポーツとの多様なかかわり方について小学校段階で学ぶことで体育科の目標でもある生涯に渡ってスポーツに親しみ，かかわるということにつながっていくであろう。

　昨今では，好きなスポーツを観戦したり，特定のチームを応援したり，運営側としてスポーツ大会に携わったりと様々な形でスポーツとかかわることが増えている。

　しかし小学校段階は，発達段階の中でも最も技能習得に適した時期（ゴールデンエイジ）である。そのため，様々な運動経験を積んで動ける体を育むことを目指していきたい。これまで同様に技能習熟を中心とした「する」ことを重点的に扱いたい。また，「自分がプレーヤー」でありたいという思いも育みつつスポーツとかかわるようにしている。

❷　「できた」が実感できる授業

　体育授業に積極的に取り組むための動機づけには「できた」という積み重ねが必要である。それは，体育が嫌いになり始めると言われている高学年では，難しい運動に取り組む機会が増えてくるからである。難しい運動のため「できない」が繰り返される。体育授業は「できない姿」を仲間の前で見せなければならないので非常に辛い。そうすると「やりたくない」「嫌い」につながっていく。そのようにならないためにも低学年からの基礎感覚づくり・基礎技能の習得を丁寧に行っている。他の教科と同様に低中学年のときに感覚・技能を身につけていなければ高学年の難しい運動を成功させることはできない。

　高学年でこのようにならないために「スモールステップ」と「お手伝い」を体育授業の中では意識している。

　スモールステップにすることによって小さな成功体験を積み重ねることになる。そしていつの間にかその動きができるような体になっていることが多い。

　スモールステップについては，低学年から取り入れている。例えば逆立ちを例に挙げると，よじ登り逆立ち⇒頭つき逆立ち⇒壁逆立ちというようにしている。（写真参照）

このように逆さになることは，器械運動の様々な技につながっていく。そのため「壁逆立ちのように」という動きの解釈をすることがある。

2つめのお手伝いについては，出来ない動き・運動でもお手伝いをしてもらって成功させることを繰り返している。

「できない」動きを何度練習してもすぐにうまくいくことはない。間違った力の入れ方，動かし方が身についてしまうとなかなか修正できない。仲間に補助してもらうことで正しい動きを身につけ，成功体験を重ねることで一人で成功することにつなげていく。

また，動きの取り組みはじめやできない時には仲間が動きを手伝うということは当然のこととして取り組んでいる。

❸　前方倒立回転（ハンドスプリング）の授業

前方倒立回転に取り組んだ。この運動は，次のような動きを経過している。

> ①マットに手をつく
> ②足を振り上げて逆立ちの姿勢になる
> ③背中の方向に倒れる
> ④体を丸めて両足で着地する

この一連の動きをすぐに成功させられる子は，非常に少ない。そこで一つ一つ動きを分けて考える。

まずは，右の写真のようなお手伝いをして動きに対する恐怖心を軽減する。お手伝いの子が，両手両膝をマットにつけて土台となりその上で前方倒立回転をする。背中の方向に倒れる恐怖心を軽減し，後半の動きを経験することになる。

その次は下の写真のように2人で両側から背中を持ち上げるお手伝いをする。

お手伝いの子の手にかかる体重の具合によって上達度合いをはかる。手にかかる負担が減ってきたらお手伝いを1人にし，そしてお手伝いなしというようにする。

1人でできることに超したことはないが，お手伝いを受けながらでも教師が経験し身につけてほしい感覚・技能を身につけることが出来るのでお手伝いのままでもよい。

低学年から逆さになること，両腕で体を支えることがこの前方倒立回転に活かされている。

また，仲間の運動を手伝うという授業の取り組み方が習慣化されることによって「できない」という状態を少しでも減らしていく。

他教科での夏坂学級
英語科

英語を聞いて，話して，伝わる
コミュニケーションを目指す

筑波大学附属小学校　荒井　和枝

　３年生から始まる英語の学習では，大きく２つの見方や考え方を育てることを目指しています。

　１つめは，新しい言葉の学びがコミュニケーションのためであり，相手意識をもちながら，やりとりをするということが大事であるということ。２つめは，場面や状況に応じたコミュニケーションのやりとりを理解し，自分の思いが伝わる表現を目指すということです。

　小学校の英語は，算数のように階層的になっていないので，学びのつながりを学年間で明確に示すことは難しいのですが，この２つの見方や考え方をどの学年でも目指すことで，意欲的にコミュニケーションを図ろうとする子どもたちを育てることを意識しています。

　例えば，相手意識をもったコミュニケーションを目指すには，中学年から意味のあるやりとりを教師と子どもの間で積み重ねること

です。Do you like ○○？という表現を学習する時には，本当にそう尋ねたくなる場面を設定します。中学年で学習したこの絵本は，それぞれのページの上下が別れていて，バラバラにめくることで面白いクエスチョンができ，思わず答えたくなります。表紙の絵からはじめると

T: Do you like ketchup?

S: Yes, I do.

T: Me, too. How about this?　Do you like ketchup on your cornflakes?

S: No!!!

とすぐさま返事が返ってきました。他のページをめくると，さらにおかしな質問になり笑いが起こります。

T: Do you like ketchup on your toes?

S: No!!!

T: Do you like ketchup in your bed?

S: No!!!

　子どもたちは絵を見ながらたくさんの英語表現に触れ，やりとりを楽しみます。さらに「じゃあ，ketchup にあうのは何かな？」と子どもたち自身に考えさせ，表現を広げます。

　このように教師と子どもたちでやりとりを楽しみ，音声に慣れ親しむことが，中学年以後の自分から発信することに繋がっていきます。

音声でのやりとりに十分に慣れ親しんでから，子どもたち自身が発信する場をつくり，コミュニケーションの意味を考えさせます。交流会などは，子どもたちが英語を使うことの意義を実感することができ，相手意識も世界に広がる場となります。

子どもたちは英語を使ってみて通じた，通じなかった，ジェスチャーで何とかなったなど，英語の学びと自分を振り返ります。伝えるべき相手がいるからこそ，改めて英語がコミュニケーションツールであることを認識し，伝える英語の意識が高まるのです。

そのような意識を高めていくと，高学年で行われるプレゼンテーションやスピーチなどで，子どもたちの頑張りがみられるようになります。自分の知らない単語を調べたり，聞き手に伝わる声の大きさや英語らしい音にするにはどうすればよいか，それぞれが練習に取り組みます。また，カタカナ英語との違いに気づき，リズムを意識して発話したり，ジェスチャーを工夫したりする様子も見られました。昔話をつかったスキット活動，学校の中で自分たちの好きなものを伝える Our favorite ○○ in school! などペアやグループでの発表に繋がっていきました。

高学年では伝えたい表現が増える一方で，日本語のようにスムーズに行かず，表現することの大変さを実感すること時期でもあります。それでも，意味のあるやりとりの積み重ねを蓄積し，場面に応じて自分の思いを伝えることができるようになってくれた4部のこどもたちを頼もしく思っています。

他教科での夏坂学級
道徳科

子どもたち自らスイッチを入れ,深めていく授業

筑波大学附属小学校　加藤　宣行

❶ 道徳授業で大切にしていること

□教材はきっかけ

これまでの道徳の読み物教材を使った授業展開の典型は,子どもたちに見習わせたいような善行をしている登場人物の心情を読み取り,それに倣わせるようなものであった。しかし,それでは初めから分かり切ったことをあたかも新発見したかのように押さえるような,しらじらしいものになってしまいがちである。

教科となり教科書になったが,その教材も,内容をそのまま読み取り,伝達するのが当たり前のような捉え方をされがちである。そのような型にはまったパターンを崩し,「深く考え議論する」学習にシフトすることが,道徳科に課せられた課題である。教科書も,あくまでもきっかけとして扱い,子どもたちの発想を生かしながら授業を構築していくことが求められる。

そのような授業を追求するためには,子どもたち自身が自ら求め,互いに深め合っていくような意識をもった学習集団であることが必須である。

私は,4部夏坂学級を4年生から6年生まで道徳専科として担当し,週一回の授業を行ってきた。その中で,深く考え議論する学習集団として象徴的な場面を振り返ってみたい。

❷ 夏坂学級の授業

□考え続ける子どもたち

生命尊重の授業をした時のことである。授業中に「命のつながり」について話し合い,互いに考えを広げていくうちに,S君が「それだったら,この人を支えているのは500人どころじゃない」と言い出した。500という数字は,教材のタイトルの「500人からもらった命」からきている。このように,授業中の子どもたちの素朴な気づき,問題の指摘から授業は生きたものとなるのであろう。これが問題解決的な学習の本来ではないだろうか。

そこから写真のように黒板に出て書き加え,思考を広げていく展開に自然と発展していった。その結果,黒板はみるみる子どもたちの発想で埋まっていき,最終的には黒板一杯のウェビングマップが出来上がった。驚いたことに,授業が終わってからも子どもたちは書き続けた。

□道徳ノート

　道徳もノートを使っている。黒板もノート
も，子どもたちの思考を広げ，気づきを促す
ために，授業中も自由に書かせている。先ほ
どの授業の時のノートが下の写真である。

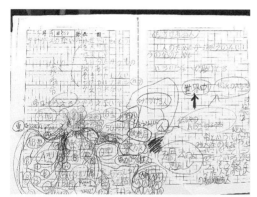

　黒板の丸写しではなく，授業をきっかけに
自分の発想を生かしながら書き，そこから得
られた気づきを出し合い，醸成し，最終的に
自分の言葉でまとめている。この時は，授業
終了と同時にノートを回収した。授業中にこ
れだけのことを書き，考え，話し合いに参加
しているのである。逆に，書きながら考えを
広げたからこそ，きちんと意見をもつことが
できたのではなかろうか。次の写真も同じ授
業の，別の子の道徳ノートである。

　このように，同じ授業でも自分の考えでま
とめているので，ノートは全く別物になる。
黒板もノートもつくるというイメージである。
自分だけのノートになるのである。

❸　考え続ける子どもたち

　このように思考が
継続し始めると，家
に帰ってからも考え
続け，調べたり，新
たな気づきを書き加
えたりするようにな
る。道徳ノートがそ
の受け皿となってく
れる。F君は，家に
帰ってから教材に出ていた場所に実際に行っ
て調べたことをノートにまとめてきた。主体
的に調べ，教材と対話している姿であろう。

4. まとめ

　このように，学習集団としての意識が高ま
っていると，同じ教材を使っても，一つの刺
激が化学反応のように広がり，その深まりや
高まりは大きく変わってくる。心に残る授業
をさせてもらった。ありがとう。

編集後記

◆本号の編集作業を進める中，本校では2月末に休校措置をとった。新型コロナウイルスの感染が拡大したためである。

はじめは1週間の予定で始まった休校だったのだが，途中で全国の学校が休校に。そのため，子ども達と顔を合わせないまま新年度を迎えることになってしまった。

休校が始まる前の日は，「1週間後に次の授業があるから……」と思っていたのに，突然，その日の授業が学年最後の授業となってしまったのである。

本校では3年生から4年生に進級するときにクラス替えがある。だから，受け持っていた3年生のクラスの子とは，もう授業をすることはない。その子たちとの最後の授業は，秤の使い方。普段はみんなでわいわいと意見を出し合いながら授業をしているのだが，この日はグループごとの活動で終わっていた。

後悔が残った。と同時に，毎日，「これが最後の授業」という気持ちで取り組まなければ……という反省も残った。

◆遠隔授業の話題も増えた。

いろいろなタイプがあることがわかってきた。個別に課題を配信するやり方もあるが，それは学校教育の目的に合わないと感じた。やはり双方向のやりとりがなければ，深い学びはできない。それができるオンライン授業の方法が求められる。

◆本号は1年前に出る予定だったのだが，私のせいで延びてしまった。ご執筆をお願いした先生方をはじめ，たくさんの方にご迷惑をかけた。この場を借りて深くお詫び申し上げる次第である。　　　　　　（夏坂哲志）

夏坂哲志（なつさか　さとし）

1964年，青森県に生まれる。東京学芸大学を卒業後，青森県五戸町立南小学校，八戸市立江陽小学校を経て，現在，筑波大学附属小学校教諭。筑波大学非常勤講師，共愛学園前橋国際大学非常勤講師，全国算数授業研究会常任理事，理数授業研究会代表，日本数学教育学会実践研究推進理事，学校図書教科書「小学校算数」編集委員。
著書に『板書で見る全単元・全授業のすべて　算数　小学校3年』（東洋館出版社），『新しい発展学習の展開算数科小学校3〜4年』（小学館），『数感覚をしっかり育てる「数カード」6年間活用法』（学事出版），『板書で輝く算数授業』（文溪堂），『算数授業で育つ言葉の力』『プレミアム講座ライブ夏坂哲志の算数授業のつくり方』『夏坂哲志のつながりを意識してつくる算数の授業』（東洋館出版社），編著書に『パターンブロックで「わかる」「楽しい」算数の授業〈上学年〉』（東洋館出版社）等がある。

算数授業研究特別号㉓
問題に関わる力を引き出す
算数の教材づくり

2020（令和2）年4月30日　初版第1刷発行

著　　者　夏坂哲志
発行者　錦織圭之介
発行所　株式会社東洋館出版社
　　　　〒113-0021 東京都文京区本駒込5丁目16番7号
　　　　営業部 電話：03-3823-9206 FAX：03-3823-9208
　　　　編集部 電話：03-3823-9207 FAX：03-3823-9209
　　　　振替：00180-7-96823
　　　　URL：http://www.toyokan.co.jp
装　　幀　藤原印刷株式会社
印刷・製本　藤原印刷株式会社
ISBN 978-4-491-03703-5／Printed in Japan